高等职业教育公共基础课通用教材

大学生职业生涯发展与规划

主　审　周　岩
主　编　苏志东　王　波
副主编　马安博

北京理工大学出版社
BEIJING INSTITUTE OF TECHNOLOGY PRESS

内 容 简 介

大学是人生重要的组成部分，对大学生进行职业生涯发展规划教育，可以帮助其树立职业发展观念，促进其依据自身特点制定合理的职业规划；可以促进其激发学习动力，培养专业情怀，提升理想抱负，为未来个人成才和事业发展打下扎实基础。本书贴近大学生职业生涯发展规划实际需求，全面介绍了职业生涯规划相关的知识。

全书共分为五章，内容新颖，结构完整，涵盖了认识职业生涯规划、自我探索（了解自己的兴趣、性格、职业价值观、职业能力）、工作世界探索（了解环境、产业、行业、职业）、职业生涯决策与行动和职业能力提升等一整套知识体系。本书对大学生职业生涯发展与规划进行了系统的论述和指导，能够帮助大学生掌握职业生涯知识，促进大学生做好学业规划、加强专业训练、提升就业能力，为大学生充分及时就业打下基础，助力大学生以积极的心态走向职业市场，走向社会。

本书内容针对性强，就业导向明确；将理论知识与典型案例相结合，体现了应用型技术技能人才培养特色；将课内教学与课外训练紧密结合，便于学生自主学习。本书既可作为高等院校职业生涯发展规划课程教材，又对从事大学生职业生涯发展规划、咨询的教师和有关人员具有一定的参考价值。

版权专有　侵权必究

图书在版编目（CIP）数据

大学生职业生涯发展与规划/苏志东，王波主编.
—北京：北京理工大学出版社，2021.6（2023.7 重印）
ISBN 978－7－5682－9879－7

Ⅰ.①大… Ⅱ.①苏…②王… Ⅲ.①大学生－职业选择 Ⅳ.①G647.38

中国版本图书馆 CIP 数据核字（2021）第 102196 号

出版发行 / 北京理工大学出版社有限责任公司
社　　址 / 北京市海淀区中关村南大街 5 号
邮　　编 / 100081
电　　话 / (010) 68914775（总编室）
　　　　　 (010) 82562903（教材售后服务热线）
　　　　　 (010) 68944723（其他图书服务热线）
网　　址 / http://www.bitpress.com.cn
经　　销 / 全国各地新华书店
印　　刷 / 涿州市新华印刷有限公司
开　　本 / 787 毫米×1092 毫米　1/16
印　　张 / 9.75　　　　　　　　　　　　　　　　　责任编辑 / 江　立
字　　数 / 214 千字　　　　　　　　　　　　　　　文案编辑 / 江　立
版　　次 / 2021 年 6 月第 1 版　2023 年 7 月第 5 次印刷　责任校对 / 周瑞红
定　　价 / 33.50 元　　　　　　　　　　　　　　　责任印制 / 施胜娟

图书出现印装质量问题，请拨打售后服务热线，本社负责调换

编委会

主　审　周　岩
主　编　苏志东　王　波
副主编　马安博
参　编　王　克　解仲秋

编写说明

为了全面贯彻落实教育部制定的《大学生职业发展与就业指导课程教学要求》和"稳就业""保就业"决策部署，完善高校毕业生就业支持系统，全力促进高校毕业生更充分、更高质量就业，服务加快构建国内大循环为主、国内国际双循环相互促进的新发展格局；同时，根据高职学生的实际需求，编者结合多年从事大学生职业发展与就业创业指导工作、大学生职业生涯咨询工作和教学工作中的经验，编写了《大学生职业生涯发展与规划》一书。

高校毕业生就业是国家就业工作的重要组成部分，对大学生进行职业生涯发展与规划指导，帮助大学生提升职业能力，促进大学生高质量就业和成功创业是我们教育工作者和就业指导人员的责任和义务。本书是配合高校开设的"大学生职业发展与就业创业指导"课程而编写的教材。本书在编写过程中，针对市场上同类教材偏重理论、政策而缺少实际操作方法与技能的状况，力求贴近大学生的实际需求，采用了大量实际校友案例，具有较强的针对性、指导性，突出实用性和有效性，强调大学生职业生涯发展与规划理念的传授和技能的培养。本书力求行文流畅、简洁明快、容易理解和记忆，能够增强大学生的学习兴趣，从而帮助大学生掌握职业生涯发展知识，促进大学生树立正确的职业观、生涯发展观。

本书中通过案例引入、探究学习等方式，增加与中国传统文化、环保、科技发展等相关表述，潜移默化地引导大学生了解国家发展成果，将中国特色社会主义和中国梦宣传教育、理想信念教育、中华优秀传统文化教育、中华优秀传统美德、职业文化、工匠精神、革命传统教育、国防教育、劳动教育等融入教学内容之中，引导大学生树立正确的世界观、人生观和价值观，对中国特色社会主义的坚定信念，坚定道路自信、理论自信、制度自信、文化自信，以更加积极的历史担当和创造精神为发展中国式现代化强国做出新的贡献。

本书第一章《认识职业生涯规划》着重阐述什么是"职业生涯"，什么是"职业生涯规划"等基本概念，简述了正确的职业观以及当前的就业宏观形势；第二章《自我探索》包括兴趣、性格、职业价值观、职业能力四个方面的探索，旨在帮助大学生在认识自我的基础上做出初步的职业定向；第三章《工作世界探索》阐述对产业、行业、职业等外部世界进行探索和了解的途径与方法；第四章《职业生涯决策与行动》阐述大学生在自我探索和工作世界探索的基础上，如何进行职业生涯"决策"，确定个人职业生涯发展的方向和职业意向，以及在这个过程中如何应对可能遇到的阻碍；第五章《职业能力提升》阐述了职业能力结构、职业能力培养以及团队合作、有效沟通、时间管理等内容，帮助大学生合理评估自己的职业能力现状并愿意改变，强化职业意识，巩固和完善职业理想，增强提高职业素养和职业能力的自觉性，并规范和调整自己的行为，有针对性地提高自身职业能力，目标明确地进行强化训练，积极做好适应社会、融入社会和就业、创业的准备，使大学生成为德智体美劳全面发展的高素质技术人才，高举中国特色社会主义伟大旗帜，为全面建设社会主义现代化国家而团结奋斗。

本书的每章内容大致分为如下几部分。

（1）"本章要点"：说明本章的内容重点。

（2）"案例引入"：通过案例展现大学生中普遍存在的相关实际情况，提出本章要解决的问题。

（3）"理论讲解"：介绍与本章内容相关的职业生涯发展与规划理论和知识，并辅以活动和练习。

（4）"实践应用"：运用职业生涯发展与规划理论和知识对案例进行分析，深化理解理论与知识。

（5）"思考解答"：通过自问自答的形式，对大学生中常见的相关问题做出解答，引导大学生正确解决职业生涯发展与规划过程中的问题，树立正确的职业观、生涯发展观、就业观。

（6）"课后作业"：职业生涯发展与规划重在实际操作，认真完成"课后作业"，能够取得更好的学习效果。

本书附录中，给出了霍兰德职业倾向测验量表，以帮助大学生自己进行职业倾向测试。

本书虽然列出了较多的活动和练习内容，但并不是每个都需要做。教师可根据教学实际情况，有选择地加以使用。在使用中，应当注意引导语的规范明晰和对活动进行适当的总结与引申。

需要特别说明的是，本书虽然是面向高校学生的教材，但也是一本职业生涯发展规划的普及性读物。我们力求以通俗易懂的语言和操作性强的练习，向读者传递最基本的职业生涯发展与规划知识与方法。因此，它不仅可以用于高校的职业生涯发展与规划课程教学，也可以作为个人的自学材料。无论是大学生，还是其他希望对职业生涯发展与规划有所了解的读者，只要认真地阅读书中的理论并完成练习，均能有所收获。

本书由西安航空职业技术学院苏志东、王波担任主编，并负责统稿，西安航空职业技术学院周岩担任主审，西安航空职业技术学院马安博担任副主编，西安航空职业技术学院王克老师、解仲秋老师参与教材编写。在本书编写过程中，参考了互联网上公布的相关资料，由于相关内容过于庞杂，无法一一列出，故在此声明，原文版权属于原作者，并由衷表示感谢。本书是陕西省职教学会课程思政专项课题（《大学生职业发展与就业创业指导》课程思政研究与实践）研究成果（项目编号：SGKCSZ2020 - 1981）。本书在出版过程中，得到了西安航空职业技术学院教务处、创新创业学院的大力支持和帮助，得到西安航空职业技术学院规划教材建设基金资助，在此一并表示感谢。由于编者水平有限，书中疏漏之处在所难免，敬请广大读者批评指正。

目　录

第一章　认识职业生涯规划 ……………………………………………………（1）

　第一节　职业发展与规划概论 ……………………………………………（1）
　　一、职业发展与生涯规划的基本概念 ……………………………………（1）
　　二、职业生涯规划与个体未来生活的关系 ………………………………（6）
　　三、职业角色与其他生活角色的关系 ……………………………………（6）
　　四、高校毕业生就业形势 …………………………………………………（8）
　　五、职业生涯发展与大学生活的关系 ……………………………………（9）
　第二节　职业规划的步骤和原则 …………………………………………（11）
　　一、职业生涯规划的步骤 …………………………………………………（11）
　　二、职业生涯规划的 SMART – PCD 原则 ………………………………（12）

第二章　自我探索 ………………………………………………………………（17）

　第一节　兴趣：我喜欢什么 ………………………………………………（17）
　　一、兴趣理论 ………………………………………………………………（17）
　　二、培养兴趣 ………………………………………………………………（20）
　　三、职业兴趣的探索 ………………………………………………………（21）
　　四、职业与职业兴趣的关系 ………………………………………………（24）
　第二节　性格：我适合什么 ………………………………………………（26）
　　一、性格理论 ………………………………………………………………（26）
　　二、职业性格探索 …………………………………………………………（27）
　　三、职业与职业性格的关系 ………………………………………………（36）
　第三节　职业价值观：我重视什么 ………………………………………（36）
　　一、职业价值观理论 ………………………………………………………（37）
　　二、职业价值观分类 ………………………………………………………（39）
　　三、职业价值观澄清 ………………………………………………………（42）
　第四节　职业能力：我能做什么 …………………………………………（44）
　　一、技能分类 ………………………………………………………………（44）
　　二、技能分析 ………………………………………………………………（47）
　　三、技能培养 ………………………………………………………………（48）
　　四、职业种类与相应的职业能力要求 ……………………………………（49）

第三章　工作世界探索 (53)

第一节　了解环境 (54)
一、了解环境对职业发展的意义和价值 (54)
二、探索个人的支持系统环境 (55)

第二节　了解产业、行业、职业 (56)
一、产业、行业、职业 (56)
二、职业信息的内容 (58)
三、搜集职业信息的方法 (61)

第四章　职业生涯决策与行动 (69)

第一节　职业生涯决策 (70)
一、科学决策理论 (70)
二、职业生涯决策的影响因素 (73)
三、做出决策 (74)

第二节　职业生涯发展行动 (76)
一、大学生职业生涯发展规划设计 (76)
二、大学生职业生涯规划的实施 (80)
三、大学生职业生涯管理 (82)

第五章　职业能力提升 (93)

第一节　职业能力 (93)
一、职业能力概述 (94)
二、职业能力的分类 (96)
三、职业能力提升 (101)

第二节　团队合作 (103)
一、团队合作的本质 (104)
二、高效团队合作 (106)
三、团队合作的技巧 (108)

第三节　有效沟通 (109)
一、沟通的实质 (110)
二、积极倾听 (112)
三、有效表达 (114)

第四节　时间管理 (115)
一、时间概念 (116)
二、时间管理的方法 (118)
三、有效利用时间的技巧 (121)

附录　霍兰德职业倾向测验量表 (128)

参考文献 (145)

第一章 认识职业生涯规划

【本章要点】

通过本章内容的学习，学生能够正确理解生涯规划的概念和意义，掌握职业生涯规划的方法和步骤，从而积极进行生涯规划，尽快适应大学的新生活，把握新阶段，成就未来。

【案例引入】

● 王同学是某高职院校的一名新生，刚刚入学，就明确自己在三年后进行"专升本"，这主要是受他哥哥经历的影响。在丰富多彩的大学生活中，他积极参与各类社团，当上了学生会的干部，觉得"专升本"并不是自己喜欢的。但是，对于自己毕业后能否找到好工作，王同学很怀疑。所以，到了大三，他虽然很纠结和痛苦，但依然每天复习准备"专升本"考试。

● 李同学是某高职院校的学生，当时以优异的成绩考入该高职院校最好的专业，入学后学习踏实认真，对大学生活的新鲜感逐渐淡化，他成了一名"老生"，感觉考试得60分就行，于是开始放松对自己的要求，开启了"游戏人生"，在大二的时候，5门课考试不及格，当他留级到下一级的时候，懊悔不已。

你是否对上述两位同学的故事很熟悉？目前，你是否对自己的大学生活想得很清楚？是否很了解自己的命运之路到底在何方？其实，很多大学生都是在困惑、迷茫、郁闷、无聊中度过了自己的大学三年或四年，但是当走出校门，不得不面对现实的时候，他们似乎才清醒地意识到：原来，自己与这个社会是那么格格不入。他们不知道自己想干什么，也不知道自己能干什么。面对未来职场生涯，他们不知道何去何从。因此，我们不能活在理想中，而要尽早面对现实，学会如何思考未来、把握现在。

【理论讲解】

第一节 职业发展与规划概论

一、职业发展与生涯规划的基本概念

（一）职业发展

成都退伍兵哥哥李清龙做整理师，"月入过万"的消息在网络引发广泛热议。李清龙和

很多大学生不同，他毕业后并没有选择去就业，而是按照父母的安排，进入部队磨炼自己。在部队的四年生活中，他先后当了步兵、侦察兵，并从事过文书撰写的工作。李清龙离开部队的时候，他也纠结到底是继续做稳定的文书工作，还是遵循自己内心的想法，去做一些自己喜欢并且擅长的事情。2020年5月，李清龙通过短视频平台了解到收纳整理师这个行业。看到整理师整理衣物的场景，就像看到了自己在部队时和队友们一起整理内务的场景，那一瞬间他就觉得：这就是自己要做的工作。在成为收纳整理师3个月后，李清龙没想到自己"爆火"了。从退伍军人到收纳整理师两个不同身份的转变，不禁让网友好奇："收纳整理师是什么？""月收入真的过万吗？"

1. 职业的产生与发展

从上述李清龙做整理师的案例可以看出，随着经济社会发展、科技进步和产业结构调整，新职业正在脱颖而出，迸发无限生机活力，依托互联网经济、技术的快速发展和平台的建立，越来越多的新业态、新模式和新产业如雨后春笋般竞相涌出，构成了就业版图的一道道亮丽的风景线。整理师、卡路里规划师、螺蛳粉闻臭师、高考志愿咨询师等新职业层出不穷，既反映出新职业呈现"百花齐放春满园"的景象，也折射出富有时代感的新职业连接着经济发展的新趋势与群众生活的新需求，拥有广阔前景和巨大空间。

2020年，受新冠肺炎疫情影响，经济发展和就业市场受到重大冲击，但在中国共产党的坚强领导下，于危机中孕新机，于开局中变新局，疫情催生线上、云端经济新生业态蓬勃发展，进入高速发展的黄金时期，直播带货、网约配送员、互联网营销师等新型职业迅速补位，成为就业市场上一抹亮色。由此可以看出，依托数字经济、互联网平台，灵活多样的新职业应时而生。

任何新生事物成长都不是一帆风顺的，社会保险参保率低、职业发展稳定性不足、维权机制不健全等一系列矛盾和隐患也浮出水面。2021年1月5日，人社部首次颁布了工业机器人系统操作员、供应链管理师、电子竞技运营师和物联网安装调试员等四个新职业的国家职业技能标准。从国家层面给予新职业从业人员积极肯定，并鼓励其发展，这不仅让从业人员有了更大的发展空间和更好的身份认证，也为行业发展起到了很好的规范、指引作用。

随着经济和社会的发展，职业也在不断地发生变化，新的职业不断产生，旧的传统职业不断衰退，甚至退出历史舞台。大学生作为即将跨出校园、准备就业的准劳动者，认识职业，理解职业，掌握职业的发展趋势，科学规划职业生涯，从而顺利、充分、高质量就业，具有极其重要的意义。

2. 职业的概念

职业是指人们为了谋生和发展而从事的相对稳定、可获得经济收入的专门类别的社会劳动。职业可以反映一个人的社会身份、文化与能力水平，也是一个人权利、义务、职责的载体。职业具有下列特征。

（1）社会性。

职业并不是自古就有的，它是社会分工的产物，每种职业都体现了社会分工的细化，体现了其对社会生产和社会进步的积极作用。人们奋斗在自己的职业岗位上，为社会奉献劳动和智慧，体现自身的社会价值，为社会经济发展贡献自己的力量。

（2）经济性。

人们从事职业活动的直接目的是获得经济来源，以此谋生，劳动者在承担所从事职业的岗位职责并完成工作任务后要获取相应的经济报酬，即职业收入。职业收入既是社会及用人单位等对劳动者付出劳动的回报，也是劳动者维持自身及家庭生活的基础。

（3）专业性。

每种职业活动必须遵从专业性的规范，包括各种操作规则、办事章程、职业道德规范等，要求从业人员具备相应的专业知识和技术技能，并进行较长时间专业知识的学习与专业技能的训练。

（4）稳定性。

一种职业一旦产生，在其生命周期内都具有稳定性。但这种稳定性不是绝对的，科学技术的进步和生产力的发展会使一些职业活动的内容和要求产生变化，也会催生一些新职业，淘汰一批旧职业。

练习 1-1　猜一猜

进行小组讨论：下列哪些是职业，哪些不是？简单叙述理由。

A. 教师　B. 公交车司机　C. 小偷　D. 调味品品评师　E. 志愿者
F. 护士　G. 广场舞大妈　H. 乞丐　I. 街头艺人　J. 在社区参加社会实践的大学生

上述几种身份中：

属于职业的有_____；
不属于职业的有_____。

（二）生涯规划的基本概念

1. 生涯的概念

生涯（Career，词源为 Car：车，运输），词语原意是"车辙"，寓意是当一个人选择了某一条轨道，他就会沿着这条轨道一直向前发展下去。生涯是一种人生模式，它统合了人一生中依序发展的各种职业和生活角色。

中文中第一次出现"生涯"来自庄子（公元前 369－前 286 年）写的《庄子·内篇·养生主第三》的"吾生也有涯，而知也无涯……"《说文解字》中注解"草木长出土为生""涯，水边也"，所以，涯是水与岸的边际；生即成长，"生""涯"两字合起来，就代表着成长的边际。生涯词义中暗示了生命的两个端点：一个是出生，一个是死亡。我们关注的是这两个端点之间的生活，需要用哪些内容去充实。从南北朝时开始，江南的风俗中就有让孩子满周岁"抓周"的习俗，也是在看这个孩子今后可能会选择什么样的生涯轨道。生涯包涵了一个人一生中担当的各种角色、所处的各种环境、经历的事件。

练习 1-2　大学到底有多长？

如果人的平均年龄为 80 岁，换算成天数就只有 29200 天。截至现在，你大概已经用了

6500多天（18岁），如果60岁退休，那么你将有7300天（60~80岁）身体状态呈现下降趋势。在剩下的大概15000多天里，你需要花1/3的时间睡觉，1/3的时间休息吃饭照顾家人，能完全用来做事情的时间，只有5000多天。

而大学三年或四年看起来很长，其实只有1095天或1460天，除去寒暑假只有840天或1120天，减去大三或大四下半学期实习与考试的时间，大约只有660天或940天能用来做必须做的事和想做的事，以及为未来要准备的事。

同学们，大学这短短的1095天或1460天，你准备用来做什么呢？

2. 职业生涯的概念

"职业生涯"的概念由美国著名心理学家舒伯（Super）在1953年首次提出，他定义职业生涯为："个人一生中所经历的一系列职业与角色的总称，即个人终身发展的历程。"这个概念被提出以后，在心理和组织行为学中有许多各自不同的定义。《牛津词典》定义职业生涯为：一生的发展与进步（Development and Progress of Life）。

台湾学者金树人教授将职业生涯定义为："生涯的发展是一生当中连续不断的过程，包括了个人在家庭、学校和社会中与工作有关活动的经验，这种经验塑造了独特的生活方式。"

职业生涯是指个体一生中从事职业的全部历程，包含了一个人所有的工作、职业、职位及其变更，以及个人态度和内心的成长与体验，整个历程可以是连续的或间断的。狭义的职业生涯只针对客观的工作经历及与工作有关的行为，开始于任职前的职业学习和培训，终止于退休；广义的职业生涯则贯穿人的一生，是个体在一生中关于职业的经历或历程。

3. 舒伯职业生涯阶段理论

广义的职业生涯规划贯穿人的一生，具有独特性、终身性、阶段性、发展性等特点。人们一般将个人的职业生涯划分为连续的职业发展阶段，不同的职业发展阶段有着不同的职业方式和内容。美国著名心理学家舒伯是职业发展阶段划分研究领域中的权威专家之一。他提出的职业生涯发展理论，将整个人生分为成长阶段、探索阶段、建立阶段、维持阶段和衰退阶段五个发展阶段，并突出各个阶段的发展特点，具体如表1-1所示。

表1-1 生涯发展阶段

阶段	主要任务
成长阶段（0~14岁）	认同并建立自我概念，该阶段对职业的好奇占主导地位，并逐步有意识地培养职业能力
探索阶段（15~24岁）	主要通过学校学习进行自我考察、角色鉴定和职业探索，完成择业和初步就业
建立阶段（25~44岁）	选择一个合适的工作领域谋求发展，这是绝大多数人职业生涯周期中的核心部分

续表

阶段	主要任务
维持阶段（45~64岁）	开发新的技能，维护已经获得的成就和社会地位，维持家庭和工作的和谐
衰退阶段（65岁及以上）	逐步退出职业和结束职业，开发社会角色，减少权利和责任，适应退休后的生活

4. 职业生涯规划的概念和类型

职业生涯规划（Career Planning）简称生涯规划，也被称为职业生涯发展设计，是指个人发展与组织发展相结合，在对职业生涯的主、客观条件进行测定、分析、总结的基础上，对自己的兴趣、爱好、能力、特点进行综合分析与权衡，结合时代特点，根据自己的职业倾向确定最理想的职业奋斗目标，并为实现这一目标做出行之有效的安排。

职业生涯规划依照完成各阶段生涯的时间长短，可分为短期规划、中期规划、长期规划和人生规划四种类型，如表1-2所示。

表1-2 职业生涯规划的类型

类型	内容	举例
短期规划	一般为2~3年的规划，主要确定近期的目标，规划近期要完成的任务	如大学的学习规划，对专业知识的学习，掌握哪些业务知识等
中期规划	一般规划3~5年内要达到的目标和任务。人们一般把个人职业规划的重点放在中期规划，这样有利于根据实际情况随时进行调整	如规划到不同业务部门当经理，规划从大型公司部门经理到小型公司当总经理等
长期规划	一般为5~10年的职业规划，主要设定为较长远的目标，以及为实现目标所采取的措施	如规划30岁时成为一家中型公司的部门经理，规划40岁时成为一家大型公司的副总经理
人生规划	整个职业生涯的规划，时间可长达40年，主要设定个人整体发展目标	如规划成为一个有数亿资产的公司董事

一份行之有效的职业生涯规划应该具有下列特点。

（1）可行性。

规划要从个人的实际出发，要切实可行，而不是美好幻想或不着边际的梦想。

（2）适时性。

规划是预测未来的行动，确定将来的目标。因此，各项主要活动何时实施、何时完成，都应有时间和时序上的妥善安排，作为检查行动的依据。

（3）适应性。

未来的职业生涯，牵涉多种可变因素，因此规划应有弹性，以增加其适应性。

（4）连续性。

职业生涯规划是一个连续不断的过程，不同发展阶段面临不同的挑战。因此，要针对人生每个发展阶段的不同任务而注意连贯和衔接。

值得注意的是，职业生涯规划的目的绝不仅仅是帮助规划者按照自己的条件找到一份合适的工作，而是帮助规划者真正了解自己，结合各种主、客观条件，拟定一生的职业发展方向和目标。大学生进行职业生涯规划的目的也绝不仅仅是为了找到一份称心的工作，而应该将其融入大学生自我发展的整个历程，为今后职业的可持续发展打下良好的基础。

二、职业生涯规划与个体未来生活的关系

著名的职业生涯专家米歇尔罗兹（Michelozzi，1988年）指出，职业生涯规划有突破障碍、开发潜能和自我实现等三个积极目的。他认为一个人最大的幸福，是能以自己选择的方式过生活，择其所爱、爱其所择的结果，会使一个人以己为荣，并呈现出圆融、丰足、喜悦、智慧和充满创造力的气质。

练习1-3 面对生涯，你有障碍吗？你有困惑吗？面对以下困惑你会怎么办？

（1）不了解自己所学专业未来的发展状况。
（2）不知道是否应该"专升本"还是择业。
（3）不知道社会需要什么样的人。
（4）不知道现在该做些什么。
（5）不知道自己适合干什么。
（6）不知道自己能干什么。
（7）不知道自己想干什么。
（8）不了解到哪里找工作。

职业生涯规划的功能之一便是解决这些困惑，认清人生中什么可以掌握，什么不可以掌握，并将时间与精力集中在可掌握的部分，以便产生最大的效果。如果放任而不做任何规划，那些原本可掌握的部分也变为不确定部分，甚至会增加风险，降低达成率。

职业生涯规划是一个过程，通过对自己的全面了解，深入发掘自我潜能，广泛探索职业信息，尽早确立职业目标，不断提升就业能力，加速实现人生理想。

三、职业角色与其他生活角色的关系

根据舒伯的看法，一个人一生中扮演的诸多角色就像彩虹一样具有许多彩色条带。为了综合阐述生涯发展阶段与角色彼此间的相互影响，舒伯提出"生涯彩虹图理论"，引入生命广度、生命空间的概念，展示了不同发展阶段各种角色的相互作用、不同生涯发展阶段各角

色的继承与更替。

舒伯认为在个人发展历程中，人随着年龄的增长而扮演不同的角色。在生涯彩虹图中，纵向层面由一组职位和角色所组成，分成子女、学生、休闲者、公民、工作者、持家者六种不同的角色，他们相互影响交织出个人独特的生涯类型。生涯彩虹图的最外一层为生命阶段与年龄，内圈阴影部分代表不同角色，它们的范围、长短不一，表示在不同年龄阶段各种角色所占分量不同；在同一年龄阶段一个人可能同时扮演数种角色，因此内圈阴影部分，相互会有所重叠，但其所占比例分量则有所不同。

以某人的生涯彩虹图为例，如图1-1所示。

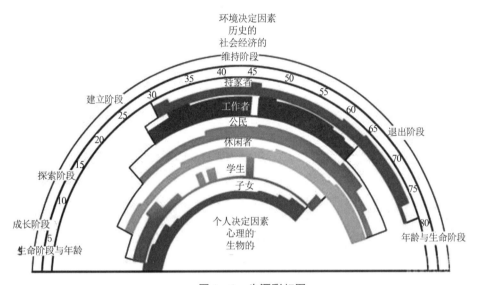

图1-1 生涯彩虹图

（一）子女

生涯彩虹图最里层的子女角色是一直存在的，一个人在5岁以前，其生涯彩虹图基本是涂满颜色的，之后逐渐减少，10岁时大幅减少，到50岁时开始增加。这表明个人早期作为子女享受父母的照顾，慢慢与父母平起平坐，父母年迈之际，则要开始照顾、赡养父母，直至父母去世，子女的角色也随之消失。

（二）学生

生涯彩虹图从里往外数的第二层是学生角色，学生角色从四五岁开始，10岁以后进一步增强，20岁之后大幅减少，25岁以后便戛然而止，30岁至50岁期间出现几次恢复，65岁以后还会出现。这表明，学习是相伴人一生的，如果感觉自己已不能胜任工作，那么重新"充电"是必需的，这样有助于开创生涯发展新局面。

（三）休闲者

生涯彩虹图第三层是休闲者角色，这一角色从5岁之后一直是平稳发展的，直到55岁之后显著增加。这表明，休闲是贯穿人一生的，是平衡工作的重要砝码。工作讲究劳逸结合，生涯发展也不能少了休闲。

（四）公民

生涯彩虹图第四层是公民角色，这一角色从 20 岁开始，35 岁后得到加强。这个角色主要表现为承担社会责任、关心国家事务。

（五）工作者

生涯彩虹图第五层是工作者角色，这一角色大概从 25 岁开始，30 岁之后得到加强。例如图 1-1 中的这一角色到 45 岁后，工作角色进入短暂的空白期，对比发现，此时学生角色和持家者角色得到增强，表明这张生涯彩虹图的主人在该阶段进行了一段时间的脱产学习，更多地关注家庭及自身的转型。两三年之后，学生角色和持家者角色恢复平均水平，工作者角色重新成为生活的重心，直到 60 岁之后开始减弱，65 岁时终止工作者角色。

（六）持家者

生涯彩虹图第六层是持家者角色，这一角色大概从 30 岁开始。这张生涯彩虹图的主人一开始便对持家者角色投入了相当多的精力，之后维持在一个适当的水平，65 岁退休之后又加强了这一角色，75 岁之后这一角色大幅减少，表明其所负担的家庭责任大幅减轻。

四、高校毕业生就业形势

练习 1-4　我的就业期待
随机抽出 3~5 名同学，让他们谈谈自己对未来就业的期待？

（一）毕业生人数增长给就业带来了巨大压力

自 1999 年以来，我国高等院校招生人数逐年增加，入学率由 1999 年的 55.44% 提高到 2018 年的 81.13%。从 2001 年开始，我国普通高校毕业生人数一直呈增长趋势，从 2001 年的 114 万人增长至 2020 年的 874 万人，2021 年我国普通高校毕业生总人数再创历史新高，超过 900 万人。对于大学生就业而言，"没有最难，只有更难"。

（二）产业结构升级给就业带来了深刻影响

目前，在我国的很多地区还是以第一、第二产业为重，经济结构不合理，就业岗位不充分。大学生就业领域主要集中在第二、第三产业。第二、第三产业的发展主要集中在一些经济发展较快的沿海城市。

随着我国产业的转型升级，一些技术落后，单靠资源发展的企业面临着破产重组的问题。有些企业甚至会退出市场，一部分从事传统行业的劳动者不得不离开岗位寻求新的就业机会，这时很多人将目光转移到第三产业。领域的转移要求劳动者重新学习新知识，掌握新技能，这个过程不仅伴随结构性失业，而且伴随其他一些失业形式。随着越来越多的人涌入第三产业，岗位竞争人数增加，这导致大学毕业生面临的就业压力增大。

随着国家和地方经济增长进入新常态，就业压力依然存在，但小微企业和二三线城市的人才需求明显增加，企业经营发生结构性变化，企业生产需要大量熟练的劳动力，企业的需求数量远远领先于学校培养的人才数量。

（三）供给侧结构性改革给就业带来了巨大变化

在供给侧结构性改革背景下，高技能产业等新兴产业发展起来，为大学生就业提供了更多的岗位，特别是促进了第三产业的蓬勃发展。大学毕业生的就业需求结构发生变化，很多大学生不再是过去的单纯为了生存而就业，而是在生存的基础上，为了获得更多的物质回报和精神回报。"斜杠青年"的出现便是其中的一个典型案例，斜杠青年是指身兼数职的年轻人。很多人在自己的本职工作之外还有别的工作，这些工作大多是根据自己的兴趣爱好和特长来从事的，在获得额外报酬的同时获得精神上的满足感。电商的发展促使越来越多的人加入电商的行列，电商经济蓬勃发展，同时电商经济还催生新的行业发展模式：网红经济。当然，供给侧结构性改革给大学生就业带来的更多的是机遇，但也带来了一定的压力。一些大学生因为经历了一些挫折而变得情绪消沉，比如社会上出现了"蹲族"，"蹲族"是指大学生毕业后一直没工作，在家里靠父母养，有些大学生甚至因此患上了抑郁症。

（四）创新创业的浪潮给就业带来了新的机遇

在创业背景下，政府重视大学生创业，为大学生创业提供了良好的环境。"大众创业，万众创新"的推行将鼓励更多大学生投身自主创业的洪流，形成新的创业浪潮。在"大众创业，万众创新"的理念下，在供给侧结构性改革的背景下，政府放权激发出巨大市场潜力，需要高技能人才的大量新型小微企业将会随之诞生。

在新常态下，高质量的就业需要以大学生作为主要的对象，高质量的就业不仅是岗位的质量高，更重要的是对于技术人才的渴望高，大学生可以在新的高质量的岗位上尽情地发挥自己的聪明才智，通过创新促进发展。

五、职业生涯发展与大学生活的关系

练习1-5 我理想中的大学生活

两个人一组，每个人简单地谈一下自己理想中的大学生活和自己目前的大学生活有什么不一样。

（一）从学校层面看

现代高等职业教育在办学过程中始终坚持"以立德树人为根本，以服务发展为宗旨，以促进就业为导向"。因此，必须以学生发展的实际情况为出发点：第一，因大学生个体背景、特点、发展水平不同，其职业生涯发展的需求也各不相同；第二，因大学生个体的心理特征不同，从人格与职业匹配角度看，适宜的工作类型各不相同；第三，从学生成长成才的角度看，高等职业教育必须为大学生提供广泛的、系统的职业生涯教育，帮助大学生做好职业生涯发展规划，找到适合自己发展的职业之路，使大学生获得自主进行职业选择的技能及有效应对工作压力的能力。同时，要帮助大学生进行职业选择后的心理调适等。

（二）从学生自身看

大学生活是职业生涯的铺垫，大学生不能虚度大学时光，要进行大学生活规划，这样对未来求职非常有利，也可以为以后的职业生涯规划打下良好的基础。职业生涯发展与大学生活简单的联系是"规划"，都是一个自我认识、自我理想确定和自我目标确立、制订计划和执行计划、检验执行结果和逐步调整的过程。规划能力的提升，是真正学习如何驾驭自己人生的开始和过程。

1. 大学生活与职业生涯互相联系，密不可分

良好的大学生活需要正确的职业生涯规划，当一个人有了正确的职业生涯规划时，才知道如何更好地努力和行动。比如，在进入大学的第一时刻，我就给自己规划了目标，我的目标是三年大学生活结束后，参加"专升本"考试，因为有了这个目标，我就知道了自己积极努力和前进的方向，明白了自己努力的原因。尽管自己还是一个大学一年级的学生，但这也是优势，因为我的职业生涯规划起点高，我比大学二年级同学和大学三年级同学更早有了努力的目标。

2. 大学生活与职业生涯相互作用，缺一不可

大学生活是否有意义，取决于大学职业生涯规划。有自我生涯规划的大学生会有清晰的发展目标，每个人的人生不仅与收入有关，还与自己的生涯规划发展有关。有目标的人才能抗拒短期的诱惑，有目标的人才会坚定地朝着自己的方向前进，有目标的人才会感觉充实。做好职业生涯规划才可以拥有更充实和更有意义的大学生活。而没有职业生涯规划的大学生，将会盲目地生活，在大学期间，每天浑浑噩噩地上课、吃饭以及做一些无聊的、没意义的事情，徒劳地结束几年大学生活。在进入社会之后，无休止地投送求职简历，心理压力会越来越大，社会的不公平感也会越来越强烈，久而久之人生便没有了方向，就算能找到一份工作，也会因为没有规划而感觉所做的工作并不是自己愿意去做的，只是为了生存而工作。没有职业生涯规划的人可能多年后还会在原地踏步，做同水平的工作。

第二节 职业规划的步骤和原则

在生活中,我们经常会做各种规划。当我们周末要去郊游时,我们会考虑郊游的地点、出行的时间、到达的路线和方式、需要带什么东西等内容,而这些计划肯定与自己的喜好、经验等结合,同时也会有时间是否充足、资金是否够用等约束条件的限制。当我们要在下周进行答辩的时候,我们会发现,除了要准备幻灯片等答辩材料,也许日常生活中某个与答辩不相关的场景,也会让我们想起某个"灵感",可以应用到下周的答辩中。所以,职业生涯规划其实就是根据自己的具体情况设计自己的职业发展方向,以期在日常的学习、生活中,能够提升动力、聚焦能量、未雨绸缪,最终实现自己的职业目标。

一、职业生涯规划的步骤

(一)觉知与承诺

觉察到自己可以有更美好的未来,应该改变现状;知道生涯规划具有科学性和重要作用,应该认真了解;意识到生涯规划不仅是为自己确定一个路径,而且是教给自己一个通向美好未来的方法;意识到生涯规划是一个有关个人发展的严肃事情;意识到生涯规划是个长期坚持的过程,是一种面对生涯发展的态度,它未必能立竿见影,马上为我们带来理想的工作,就好像我们所播下的种子,未必能马上发芽一样,所以,对生涯规划要有合理的预期。同时,要认识到生涯是自己的事情,愿意为未来做一个规划并立刻行动。

(二)自我评估与悦纳

在有了生涯规划的想法后,首先需要了解自己。良好的规划是建立在对自身特点的深入了解和正确对待的基础上的。自我评估的内容包括兴趣、性格、能力和价值观等几个方面,例如自己问自己:我有哪些人格特质?我的兴趣是什么?哪些东西是我生命中不能缺少的?我有哪些技能是与众不同、可以赖以为生的?认识到个人特质的几个方面没有优劣之分,每个人都有自己独特的优势。

自我评估可以通过学校就业工作部门提供的测评系统来进行,互联网上也有很多免费的职业测评资源,我们可以通过完成测评问卷获得自我评估测评报告。但需要注意,这些测评报告存在一定的局限性,只能作为我们自我评估的参考资料。

(三)认识工作世界和环境评估

我们每个人都生活在一个个环境中,我们的生涯发展也不可避免地受到环境因素的影响。了解工作世界并进行环境评估,可以使我们做出的决策更加科学合理。

工作世界信息包括就业宏观和微观认知、专业与职业的关系、职业要求、就业政策、工作世界的变化等；也包括家庭因素（如家庭经济状况、家人期望、家族文化等）和社会形势因素（如政治经济形势、生活文化变迁等）。

（四）选择目标和路径

在完成了上述三个步骤后，就需要对信息进行整理、综合和评估，从外部环境找到一个适合自己的目标。如"我大学毕业后应该'专升本'，还是就业创业？""什么样的职业更适合我？""要获得这样一份职业，我需要做怎样的计划？"等。

（五）行动

通过行动来实现自己设定的目标。在行动过程中要不断问自己：为达成总的目标，每个阶段的目标是什么？行动包括学习专业课，参加社团活动、社会实践活动和各种培训，制作简历，求职，面试等。

（六）评估与修正

在达成一个阶段的目标后，需要对当前的状况进行反思，确定当前的状况是否真正与自己的"初心"一致，是否让自己觉得幸福，是否有利于自己今后一段时间的发展。如果对当前的状况不满意，应该及时修正自己的目标和行为。

经过以上六个步骤的循环后，可以开始新一轮的生涯规划，如此循环，不断成长修正。所以，生涯规划是一个从意识到行动，不断深入、连续的过程。

二、职业生涯规划的 SMART – PCD 原则

职业生涯规划的过程是个体探索自我、探索外部世界、科学决策、执行反馈的过程，应该遵循"SMART – PCD"原则。

（一）S：具体的（Specific）

职业生涯规划是个体为达成理想职业目标而做出的规划，因此，职业生涯规划的目标必须清晰、具体、明确，不要用含糊笼统的语言描述，各阶段的计划安排必须具体可行，可落实，不能是空洞的口号。

（二）M：可以衡量的（Measurable）

职业生涯规划的设计应有明确的标准，以便进行检查和再评估，使自己随时掌握执行状况，也可以为规划的修正提供参考依据。

（三）A：可以达到的（Attainable）

职业生涯规划的目标切忌空洞和不切实际，必须是结合自身情况和外部情况能够实现的目标。同时，实现生涯目标的途径有很多，做规划时必须结合个人特质、社会环境和其他相

关的因素，目标和措施应该具备一定的弹性，应该切实可行。

（四）R：相关性（Relevant）

职业生涯规划的主要目标和分阶段目标以及措施应该具有强相关性。目标和措施、个人目标和组织目标，应具有较强的相关性。

（五）T：定向性（Tropism）

职业生涯规划中不同阶段的规划可根据该阶段的情况做适当的完善和修订，但无论如何修订，其目标和结果都定位到生涯最终目标上来。

（六）P：个性化（Personality）

个体间的素质、能力、个性有很大差异，个人生涯发展所面临的社会条件、人生际遇也有很大差异，每个人的发展潜力也会有很大不同。所以，职业生涯规划是一个完全个性化的任务，无法复制别人的成功路径。

（七）C：挑战性（Challenging）

目标设定和具体措施应既能基于自身的状况，又具有一定的挑战性，能够对自己产生内在的激励作用。

（八）D：发展性（Development）

进行职业生涯规划时，不能仅仅局限于个体当前的发展，而且要考虑个体未来的职业发展空间，职业生涯规划要有超前性和预测性。

【拓展阅读】

职业生涯规划"6W法"

1. Who are you?

自己是谁，是个什么样的人？通过这个问题，对自己做全面的了解。

2. What do you want?

自己想要什么？想要达成什么样的目标？包括学习目标、职业目标和成就感等。特别是学习目标，在学校学习是第一要务，只有不断确立学习目标，才能适应激烈的竞争，才能不断超越自我，实现人生理想。

3. What can you do?

自己的特长是什么？能做什么？专业技术何在？专业知识的学习和个人工作经历（如学生工作经历、社团工作经历、实习兼职经历等）的积累同样重要。

4. What can support you?

什么是你的理想支撑点？你具有哪些竞争力？个人、家庭、学校、社会的种种关系，也许都会影响你的职业选择。

5. What is the best for you?

什么是最适合你的？期望和理想很多，行业和职位众多，哪个才是适合你的呢？最好的选择并不一定是最合适的，合适的选择才是最好的。要根据前四个问题的答案来回答这个问题。

6. What can you choose in the end?

最后你能够选择什么？机会偏爱有准备的人，到达这个"W"后，你应该能够做出一个简单的职业生涯规划了。

【实践应用】

小王是某高职院校二年级的学生，学的是焊接技术及自动化专业，是家里的独生子，从小学习成绩优异，性格外向，爱热闹、爱交朋友，上学期间一直担任班干部，是老师、父母口中的"好孩子"，目前所学专业自己不是特别喜欢。

他本想学习飞行器制造技术专业，但高考时发挥失常，目前就读的焊接技术及自动化专业是调剂的。小王对焊接谈不上喜欢，过去一年多学习成绩一般，个别课程勉强及格。对未来自己要从事怎样的工作、选择怎样的职业，小王都没什么概念，只是觉得想要找一份相对稳定的工作。

小王说："上大学之前的学习目标都很明确，就是要考上大学。现在上了大学，却发现目标没了。我不想像有些学长说的，三年过去了，毕业的时候都不知道自己要找一个什么样的工作。我感觉自己现在有点着急，很迷茫、很焦虑。"

【案例分析】

（1）小王目前面临的最主要的问题是由于没有考上自己理想的专业，感到很失望，对自己目前所学的专业没有深入地认识，对未来的就业方向和岗位需求没有认真了解。同时，小王在大学一年级的时候，没有对大学三年进行一个详细的学业规划，从而导致学习没有目标，自己感到着急、迷茫和焦虑。

（2）针对小王的现状，应帮助其尽快完成一份两年的生涯规划（学业规划），通过对所学专业的认识和对自己的分析，制定详细的学业规划，并严格按照规划去完成。例如，考取技能证书，参加焊接技能大赛，考取英语等级证书，向学长了解优质的就业单位情况等。

【思考解答】

（1）我们才刚上大学，谈生涯规划太早了，现在最主要的是学好专业知识，就业的事情等到毕业时自然会水到渠成。

答：这种观点显然太过片面，而这样片面下结论是非常不好的。事实上，大学生从大一上学期开始做职业生涯规划，不仅不早，反而可以对整个大学的学习生活起到规划引领作用。按照舒伯的生涯发展理论，大一应该是生涯规划的探索期。这个时期需要个人通过基于个人兴趣和特点的实践等活动初步探索自己未来感兴趣的职业发展方向。因而对大学一年级的学生而言，需要好好思考和规划自己应当如何度过大学三年或四年，为未来获得理想工作做好准备。

首先，要做好职业定位。在大学刚开始就应该确立自己的职业目标，越早有明确的职业目标，就越少走弯路，及早试错，从而及时调整人生航向。其次，做好目标设定。目标就是前行的动力，是黑暗中的灯塔，是指引人前行的明灯，及早地根据职业需要确立目标，可以使未来三年或四年的生活更加充实高效，拥有目标的人，为自己所热爱的职业不断努力的人，心中必然是幸福而无憾的。最后，做好通道设计。就是在明确了目标以后，直接或间接地接近目标的手段。这些手段既包括专业能力上的不断精进、各种必要证书的考取，也包括主动获取目标职业所需的各种实践经验，争取更多的实习机会。

试想一下，当一个大的难以实现的梦想，在自己的一步步分解中，成为可以通过努力完成的一系列小目标，是多么令人振奋啊！每完成一点，就离自己热爱的职业更近一点，这个过程是充满主动性的开拓过程，身处其中的人，才会明白为自己的人生做规划的幸福感，未来，就从这一个个小小的努力尝试中萌发。想走到这一步，离不开前期精确的职业定位，而这一步走好了，也是为自己将来的职业之路奠定一块又一块坚不可摧的基石。

(2) 我是一名大三的高职毕业生，正忙于找工作，现在开始探索什么工作适合自己是否太晚了？我真正关心的是如何才能找到一份好工作！

答：对于个人的生涯规划而言，任何时候开始都不会晚，不同阶段会有不同的意义和用处。当毕业生面临找工作的压力时，常常会感到很焦虑，如果此时静下心来做自我探索并不容易。有些学生觉得只要有个单位录用自己就谢天谢地了，根本顾不上什么适不适合。所以，这时再进行生涯规划不妨从最"实用"的部分开始，比如能力的探索，了解自己能干什么常常可以让人心中有谱，定下神来，也可以帮助自己更好地制作简历和应对面试，毋庸置疑，工作世界的探索和简历制作、面试技巧也是可以立即用上的技巧。但从生涯的长远发展来看，当你能够静下心来的时候，最好还是进行全面的生涯规划，毕竟毕业求职只是职业的开始，脚下的路还很长。

(3) 生涯规划是要有计划地安排自己的发展，但是人生可能照计划按部就班吗？

答：生涯规划可以说是一个人未来生涯发展的长期计划，但并不等于你按照这个计划进行就一定能成功。凡事预则立，不预则废。没有明确方向的人，即使你想做一件事，也会无从下手，因为你不知道要向哪里去。同时，计划实施，并不是一成不变的。真正的计划实施，要根据现实的情况，做出相应的调整。但是这种调整要以不违背大的"规划"方向为准则，这样，即使在计划细节上做了调整，你也能一步步接近大的规划方向，并最终成功。总之，生涯规划是发展的、动态的，是一辈子的事情。生涯规划的意义并不仅仅在于制订一个长远的发展计划，它更多的是让人们懂得如何把握生涯，如何在尊重自己的基础上更好地发展自己；生涯规划不是用一个计划去限制人生的发展，而是让人们在更加了解自己的基础上勇于探索，更大程度地实现自我。

【课后作业】

(1) 评估自己的生涯规划现状，考虑未来自己最需要努力的地方？

(2) 访谈2~3名参加工作1~3年的师兄或师姐，请他们谈谈刚刚参加工作时的辛苦之处与快乐感受。

第二章 自我探索

【本章要点】

通过本章内容的学习,学生能够更好地认识自己,找准自己的定位。在追求成功和完美人生的过程中,了解自己的兴趣、性格、价值观、能力,对自己的优势和不足有比较客观的认识,确定自己的发展方向和行业选择范围,科学规划自己的职业生涯。

【案例引入】

每个开始都值得被认真对待

王思思同学是某校2020届通用航空器专业的毕业生,入学时她是班里唯一的女生,无数次转专业的想法在她的脑海里翻腾。难道这就是精心挑选的专业吗?本来性格就不太开朗的她,很长一段时间都心情低落,始终逃不出那个孤独的"怪力圈"。慢慢地,她意识到这样下去是不行的,逐渐接受这个现实,认真对待这个不一样的开始。经过自己的不断努力,他考取与本专业相关的技能证书,获得国家励志奖学金,现就职于中国人民解放军5702工厂。在她的求职故事中,她这样写道:对自己认真定位,不要眼高手低,准确把握自己的优势,找到一份满意的工作。这是她对学弟学妹的建议,更是对自己大学生活的真实写照。

【理论讲解】

第一节 兴趣:我喜欢什么

一、兴趣理论

(一)兴趣的概念

做自己喜欢的事情就是最大的乐事,因为这样更能够体会到其中的意义、价值,给人带来幸福感和满足感。芝加哥大学心理学教授米哈里·契克森米哈赖,在研究大量案例的基础上，发现人们在做某些事情时，是一种全神贯注、投入忘我的状态，甚至感觉不到时间的存在，在这件事情完成之后人们会有一种充满能量并且非常满足的感受，这种状态被称作心流。其实我们在做自己非常喜欢、有挑战并且擅长的事情时，就很容易体验到心流，比如爬山、游泳、打球、玩游戏、阅读、演奏乐器以及工作的时候。在这种状态下，人们没有考虑进行这样的活动可以带来什么样的回报或担心自己的表现如何，只是忘情地投入工作，享受这个活动本身带来的快乐。这种活动通常对我们的体力和智力具有一定的挑战性，同时我们也在最大限度地运用自己的技能。

兴趣是指对事物喜好或关切的情绪。心理学家认为兴趣是指人们力求认识某种事物和从事某项活动的意识倾向。它表现为人们对某件事物、某项活动的选择性态度和积极的情绪反应，兴趣是在一定需要的基础上，在社会实践过程中形成并发展起来的，反映了人对某种或某类刺激寻求的需要，也反映了客体活动特征与个体自身特点的相互作用状态，说明活动与主体之间的特征匹配关系。

一个人在进行自己感兴趣的活动时，注意力集中，思维活跃，行为稳定，并能呈现愉快的心理状态，产生高峰经验。

练习 2-1
（1）在小组内分享一个你的心流体验并总结各自心流体验的共同点。
（2）有的同学说自己的兴趣是打游戏，那么如何区分他所说的打游戏是兴趣还是打发时间呢？

米哈里·契克森米哈赖教授研究发现，处于心流状态的人具有如下特征。
（1）体验活动本身成为活动的内在动机。
（2）个体的注意力高度集中于当前所进行的活动，其他的外在引诱最多也只能使个体出现暂时的分心。
（3）自我意识的暂时丧失，如忘记了自己的社会身份，忘记了自己的身体状况（饥饿、疲劳）等。
（4）行动与意识相融合。
（5）出现暂时性体验失真，较典型的如觉得时间过得快。
（6）对当前的活动具有较好的控制感，即一个人大致认识到自己能应对即将出现的后续行为，能对它做出适当的反应。
（7）具有直接的即时反馈，活动的每个环节都是对上一活动环节的反馈。
（8）个体所感知到的活动的挑战性和自身的技能水平之间具有平衡性。
（9）有明确的活动目标。

任务的挑战性和能力之间的匹配也会对产生心流体验有影响。当任务的挑战性高于能力时，容易产生担心、焦虑甚至恐惧的情绪；当任务的挑战性低于能力时，容易出现松懈和无趣的感觉。只有当能力和挑战匹配的时候，才更容易产生心流体验。任务挑战性与能力对心流体验的影响如图 2-1 所示。

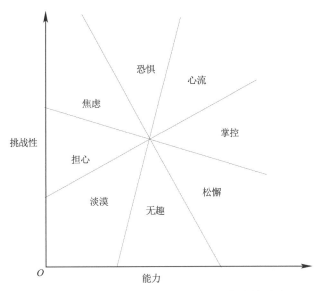

图 2-1 任务挑战性与能力对心流体验的影响

(二) 职业兴趣的概念

人们往往有各种不同的兴趣爱好。一个人喜欢摄影，爱好养宠物，分别表现为摄影兴趣和养宠物兴趣。如果一个人的爱好是机械制造，并且能积极地学习有关焊接等方面的专业知识，主动练习制图、焊接等实训技术，并希望自己将来能够成为一名技术工人，那么这就成为对机械制造的兴趣。所以，当人的兴趣倾向在某一职业或事业上时，就成为职业兴趣。

职业兴趣是指一个人积极探究某种职业或从事某种职业活动时所表现出来的特殊心理倾向。它使人给予某种职业优先的注意，并对其产生向往的情感。兴趣是最好的老师，兴趣是成功的前提，一个人对某种职业感兴趣，就会全力以赴、积极热情、富有创造性地完成所从事的工作。兴趣可以激发个体进行创造活动的内在动机，增强克服困难的信心和决心，充分发挥潜能的作用，使个体具有敏锐的感知力、活跃的创造性思维、丰富的想象力，从而促使其事业通向成功。正如孔子说的那样，"知之者不如好之者，好之者不如乐之者"（《论语·雍也篇》）。

个体在职业兴趣上的差异是相当大的，也是十分明显的。一方面，现代社会职业越来越分化，活动的要求和规范越来越复杂，各种职业间的差异也越来越明显，所以对个体的吸引力和要求也就迥然不同；另一方面，个体自身的生理、心理、受教育程度、社会经济地位、环境背景不同，所乐于选择的职业类型、所倾向于从事的活动类型和方式也就十分不同。所以，职业兴趣反映了职业（工作活动）特点和个体特点之间的匹配关系，是人们选择职业的重要依据和指南。孩子们经常被问的一个问题是："你长大以后想要干什么？"成人之间经常谈起的话题是："你是做什么的？"似乎我们从事的工作决定了我们自己、他人看待我们的方式。好像我们的工作会反映我们的力量和快乐，而与我们究竟是谁关系不大。我们的职业成为我们身份的一部分，或好或坏、或多或少地揭示着我们的兴趣和能力。

如何知道自己是"乐之者"，是在从事自己感兴趣的活动或工作呢？你在从事某项活动或工作中是否符合这几条：为之着迷、追求卓越、羡慕杰出、不断学习、废寝忘食、满足自豪、生活工作密不可分、结交同行、奉献一生不愿退休。如果大多数都符合，你可能就选对了工作或选对了专业，你只需要继续快乐前行即可找到幸福。

二、培养兴趣

人可以主动认识世界和改造世界，个人的职业选择也应该是一个动态的过程。人的兴趣是可以培养的，职业兴趣也是一样。虽然职业兴趣一旦形成就具有一定程度的稳定性，但个体可以通过主动培养自己的职业兴趣，改善求职择业状况。

兴趣有以下发展过程：从无到有、从不稳定到稳定。这个过程是依次推进的三个阶段，即有趣——乐趣——志趣。有趣是兴趣发展过程的第一个阶段，处于发展的初级水平。这个阶段的兴趣表现为随环境产生，即情境性，并且随生随灭，为时短暂。这也说明有趣现象极不稳定，需要经历自身的摸索和他人的引导，才会由有趣转化为乐趣。乐趣是兴趣发展的第二个阶段，处于发展的中级水平。乐趣是在有趣的基础上发展起来的，它带有一定的快乐情感色彩，是兴趣与快乐情感的紧密结合。这一阶段的兴趣表现为基本定向，为时较长。相对于有趣来说，乐趣比较稳定。但是乐趣是靠快乐情感来支撑的，其稳定性还不够大，只有把"兴趣"与"志向"联系起来，乐趣才会逐步发展为志趣。志趣是兴趣发展的第三个阶段，处于发展的高级水平，它是兴趣与志向的结合，兴趣的主体对认知对象的专注已具有自觉和理性的成分，因此使兴趣趋于最大的稳定。古今中外的学者、科学家的巨大成就是与其志趣分不开的。

对于大学生而言，在大学期间积极的培养兴趣可以从以下几个方面做出努力。

（一）培养广泛的兴趣

在校期间利用业余时间做一些自己喜欢的事情，发掘自己的优势和能力，开阔眼界，准确辨别自己喜欢什么、不喜欢什么，从而为自己喜欢的事情做好各方面准备。

（二）要有中心兴趣

人的兴趣投入可以广泛，但不能浮泛，还要有一定的集中爱好。既广泛又有重点，才能学有所长，获得更多的知识和能力。因此还应着重培养自己在某一方面的兴趣，促进自己发展和成才。

（三）积极参加社会实践

刚步入大学的学生对自己的兴趣不太明确，可以通过积极参加各种社会实践活动，对自身和社会环境有深刻的认识和了解，激发自己的兴趣。社会实践活动内容十分丰富，包括校园活动、志愿服务、实习实训等。每个人都可以通过参加各种实践活动调节和培养兴趣，根据社会和自我需要，有意识地培养和发展兴趣，为事业成功创造条件。

（四）保持兴趣稳定

应在某一方面有持久稳定的兴趣，不能朝三暮四、见异思迁，这样才能投入更多的热情和精力，深入钻研相关内容，在事业上有所发展和成就。

三、职业兴趣的探索

目前，世界上在职业兴趣研究领域影响力较大的是美国约翰·霍普金斯大学心理学教授、著名职业指导专家霍兰德（Holland）的职业兴趣理论。1959年，霍兰德在长期职业指导和咨询实践的基础上，首次提出了自己的职业兴趣理论，认为人的人格类型、兴趣与职业密切相关，兴趣是人们活动的巨大动力，凡是具有职业兴趣的职业，都可以提高人们的积极性，促使人们积极地、愉快地从事该职业，职业兴趣与人格之间存在很高的相关性。

大多数人的职业兴趣可以归纳为六种类型：实用型（Realistic，简称R）、研究型（Investigative，简称I）、艺术型（Artistic，简称A）、社会型（Social，简称S）、企业型（Enterprising，简称E）和事务型（Conventional，简称C）。同一职业族群者，拥有类似的兴趣点和背景，因此，他们对情境和问题会有类似的看法，从而产生特定的职业氛围，即职业环境。这种职业环境具有特定的价值观念、态度倾向和行为模式。由此，工作环境也可以分为六种类型，其名称与性质和兴趣类型的分类一致。

人们倾向于选择与自己兴趣特点相匹配的环境，这样就比在与自己兴趣特点不匹配的环境中更快乐、更满足，所以不同类型的人需要不同的生活或工作环境，不同的职业也需要不同特征的人。所谓"物以类聚，人以群分"（《易经·系辞上传》）。

兴趣类型和职业环境之间的适配将增加个人的工作满意度、职业稳定性和职业成就感。霍兰德职业兴趣类型、特点及典型职业如表2-1所示。

表2-1 霍兰德职业兴趣类型、特点及典型职业

类型	共同特点	典型职业
实用型（R）	情绪稳定、有耐心、坦诚直率，动手能力强，但不善言辞，喜欢在讲求实际、需要动手的环境中从事明确、固定的工作，依既定的规则，逐步制作完成有实际用途的物品。具有顺从、坦率、谦虚、自然、坚毅、实际、有礼、害羞、稳健、节俭的特征，其行为表现为： （1）喜欢与物打交道； （2）喜爱实用型的职业或情境，不喜欢社会型的职业或情境； （3）善用具体、实际的能力解决工作及其他方面的问题，较缺乏人际关系方面的能力； （4）重视具体的事物，如金钱、权利、地位等	印刷出版、工程监理、公车或卡车司机、电工、工程师、急救护理人员、搬运或物流工作者、园林设计人员、机器操作员、设备维修人员、飞行员、管道工或暖气工、调查员、电话网络安装员、车床工或模具工、木匠、汽车修理工、工程师、军官、足球教练等

续表

类型	共同特点	典型职业
研究型（I）	喜欢观察、思考、分析与推理，喜欢用头脑依照自己的步调来解决问题，并追根究底，不喜欢别人的指引，工作时不喜欢有很多规矩和时间压力。做事时，他们能提出新的想法和策略，但对解决实际问题的细节无兴趣。他们不是很在意别人的看法，喜欢和有相同兴趣或专业的人交往，否则宁愿自己看书或思考。具有善于分析、谨慎、批判、好奇、独立、聪明、内向、有条理、谦逊、做事精确、理性、保守等特征，其行为表现为： （1）喜爱研究型的职业或情境，不喜欢企业型的职业或情境； （2）善用研究的能力解决工作及其他方面的问题，即自觉、好学、自信、重视科学，但缺乏领导方面的才能	人类学家、建筑师、天文学家、生物学家、植物学家、化学专家、建筑工程师、程序员、软件工程师、系统分析员、法医、牙医、经济学专家、电机工程师、食品分析员、犯罪学家、地理学家、市场调查分析员、医疗实验技术员、气象研究员、网络运营管理者、海图绘制员、验光师、整形医生、病理分析员、药剂师、精神病医生、心理学者、城市规划员、兽医实验员、生物学家、心理学家、大学教授等
艺术型（A）	直觉敏锐，善于表达与创新。他们希望凭借文字、声音、色彩等形式来表达创造力和美的感受；喜欢独立作业，但不希望被忽略，在无拘无束的环境下效率最高；喜欢创造不平凡的事物，不喜欢管人和被管；和朋友的关系比较随性。具有复杂、善于想象、冲动、独立、直觉性强、无秩序、情绪化、理想化、不顺从、有创意、富有表情、不重实际等特征，其行为表现为： （1）喜爱艺术型的职业或情境，不喜欢事务型的职业； （2）富有表达能力和直觉，独立、有创意、不顺从、无次序，拥有艺术与音乐方面的能力（包括表演、写作、语言等），并重视审美的领域	演员、广告创作或管理人员、动画与漫画工作人员、编舞者、作曲者、设计师（产品设计、时装设计、花艺设计、平面设计、商标设计、装修设计、工业设计、展台设计等）、电影及电视导演、编辑、画廊工作人员、教师、商品陈列员、音乐家、歌手、摄影师、出品人或制作人、电台主持人、记者、厨师等
社会型（S）	对人和善，容易相处，关心自己和别人的感受，喜欢倾听和了解别人，也愿意付出时间和精力去解决别人的冲突，交友广阔，关心别人胜于关心工作。具有合作、友善、慷慨、助人、仁慈、负责、圆滑、善社交、善解人意、理想主义、富有洞察力等特征，其行为表现为： （1）喜欢与人打交道； （2）喜欢社会型的职业或情境，不喜欢实用型的职业或情境，善用社交方面的能力解决工作和其他方面的问题，但缺乏领导能力； （3）喜欢帮助别人、了解别人，有教导别人的能力，并重视社会与伦理方面的活动与问题	人类学家、儿童看护员、神职人员、心理治疗师、咨询师（教育咨询、职业规划咨询、个人咨询等）、健身或塑身教练、家庭健康助理、翻译、法律顾问、护士、公务员、社工、教师（幼儿园、小学、初高中、矫正教育、特殊教育、成人教育）、治疗师（身体疗养、语言治疗、职业生涯诊断、艺术治疗）、牧师等

续表

类型	共同特点	典型职业
企业型（E）	精力旺盛，生活节奏紧凑，好冒险竞争，做事有计划，行动迅速，不愿意花太多时间仔细研究，希望拥有权力去改善不合理的事。他们善用说服力和组织能力，希望自己的表现被人肯定，并成为团体的焦点人物。具有爱冒险、有野心、独断、冲动、乐观、自信、追求享受、精力充沛、善于社交、希望获取注意和知名度等特征，其行为表现为： （1）喜欢企业型的职业或环境，不喜欢研究型的职业或情境，会以企业方面的能力解决工作或其他方面的问题； （2）有冲动、自信、善社交、知名度高、有领导与语言能力，缺乏科学能力，但重视政治与经济上的成就	律师、酒保、采购员、理赔员、调查员（保险员）、项目经理、犯罪调查员、侦探、物流工作者、人事经理、财务规划师、空乘人员、生产商、公共关系管理人员、销售员（零售、批发销售、广告销售、房地产销售、保险销售、医药销售、证券销售）、推广人员、股票经纪人、导游、政治家、企业经理、电视制片人
事务型（C）	个性谨慎，做事讲求规矩和精确，喜欢在有清楚规范的环境下工作。他们做事按部就班、精打细算，给人的感觉是有效率、精确、仔细、可靠而有信用。他们的生活哲学是稳扎稳打，不喜欢改变或创新，也不喜欢冒险和领导，会选择和自己志趣相投的人成为好朋友。具有顺从、谨慎、保守、自控、服从、规律、坚毅、实际、稳重、有效率但缺乏想象力等特征，其行为表现为： （1）喜欢事务型的职业情境，不喜艺术型的职业与情境，会以传统的能力来解决工作或其他方面的问题； （2）喜欢顺从、规律，有文书与数字能力，并重视商业与经济上的成就	会计师、精算师、行政助理、档案管理员、审计员、出纳员、图书管理员、收银员、计算机维护员、文字编辑、法庭书记员、客服人员、经济学家、财务分析员、办公室职员、校对者、前台接待、税务申报员、助理教师、银行家、办事员、税务员等

请根据表2-1中的霍兰德职业兴趣类型认识自己的兴趣类型以及对应的职业。

（1）请在横线上至少写出三个与自身特点相符合的霍兰德代码。

_____、_____、_____、_____。

（2）请在表2-1的职业列表中勾画出自己感兴趣的职业名称，并观察是否与自己的霍兰德代码相匹配。

练习2-2 霍兰德职业兴趣岛测试

恭喜您！您获得了一次免费到岛屿度假的机会，唯一的要求是你必须与岛上的居民一起生活至少半年的时间。

岛屿R：自然原始的岛屿

岛上的自然生态保持得很好，有各种野生动物。居民以手工见长，自己种植瓜果蔬菜、修缮房屋、打造器物、制作工具，喜欢户外活动。

岛屿I：深思冥想的岛屿

岛上有多处天文馆、科技博物馆及图书馆。居民喜欢观察学习，崇尚和追求真知。常有机会和来自各地的哲学家、科学家、心理学家等交换心得。

岛屿A：美丽浪漫的岛屿

岛上充满了美术馆、音乐厅、街头雕塑和街边艺人，弥漫着浓厚的艺术文化气息。居民保留了传统的舞蹈、音乐与绘画。许多文艺界的朋友都喜欢来这个地方寻找灵感。

岛屿S：友善亲切的岛屿

居民个性温和、友善、乐于助人。社区均自成一个密切互动的服务网络，人们重视互助合作，重视教育，关怀他人，充满人文气息。

岛屿E：显赫富庶的岛屿

居民善于企业经营和贸易，能言善道。经济高度发展，处处是高级饭店、俱乐部、高尔夫球场，往来者多是企业家、经理人、政治家、律师等。

岛屿C：现代井然的岛屿

岛上建筑十分现代化，是进步的都市形态，以完善的户政管理、地政管理、金融管理见长。岛民个性冷静，处事有条不紊，善于组织规划，细心高效。

(1) 请不要考虑其他因素，仅凭自己的兴趣按一、二、三的顺序挑出你最想前往的岛屿。_____、_____、_____。

(2) 请写出最不愿意选择的岛屿。_____。

四、职业与职业兴趣的关系

当人们的兴趣对象指向职业活动时，就形成了人们的职业兴趣。职业兴趣对人的职业活动有着重要的影响，一份符合自己兴趣的工作常常能够给自己带来愉悦感和满足感。

具体来说，职业兴趣对人们职业活动的影响主要表现在以下四个方面。

(一) 兴趣可以影响人的职业选择，做出正确规划

兴趣是最好的老师。这句至理名言无论是对于学习、工作，还是对于择业，都有一定的指导作用。正如报考空中乘务专业的学生，因为从小有一个要当空姐的梦想以及在校期间对于专业知识的热爱，在求职时特别青睐机场地勤、乘务员等相关工作。因此，对个人的兴趣类型有了正确的评估后，就能帮助人们进行正确的职业选择。"我是谁"可以促进"我能做什么"，两者必须保持和谐一致，俗话说"有志者事竟成也"（《后汉书·耿弇传》）。

(二) 兴趣可以增强人的职业适应力，提高工作效率

兴趣可以通过工作动机促进个人能力的发挥，兴趣和能力的合理结合能大大提高工作效

率。研究表明，如果一个人从事自己感兴趣的职业，就会发挥他的全部才能的 80%~90%，而且长时间保持高效率却不感觉疲倦；而对所从事的工作没有兴趣，只能发挥其全部才能的 20%~30%。

(三) 兴趣可以开发人的潜能，在工作中激发探索和创造热情

当一个人对某一事物具有较为浓厚的兴趣时，就会激发出寻求该事物相关知识的欲望以及探索热情，并调动全身心的积极性，以饱满的情绪、最佳的智能和体能投入学习和工作之中，从而最大限度地调动主观能动性和创造性，发挥自身潜能，充分施展才华，取得意想不到的成功。

(四) 兴趣可以调节人的心情，保持身心健康，提高工作效率

心理研究证明，当一个人对所从事的职业有着浓厚的兴趣时，即使工作再苦再累，也会感到精神愉快，生活充满乐趣。相反，一个人对所从事的工作不感兴趣，就不可能积极主动地工作，有时还不自觉地表现出被动的、消极的、拖拉的工作态度，因而常常得不到领导和同事们的肯定，甚至与他们在工作上产生矛盾，进而加剧对工作的厌烦感并产生抑郁不快的情绪，这样的工作对他而言就是一种惩罚，他的整个生活就失去了色彩。当我们从事真正喜欢的事业时，我们的一生中，将不会有任何一天是用来工作的。

练习 2-3　测一测你的专业兴趣

(1) 以目前你的专业认知和社会环境认知状况，你认为自己以后可以从事哪些工作？

(2) 请同学们在下列符合自己现状的选项后画 "√"。

①对自己的专业感兴趣。

a. 了解自己的专业，觉得所学专业与自己的兴趣相符。　　　　　　　　　　(　)

b. 开始并不了解自己的专业，但通过学习发现越来越感兴趣了。　　　　　　(　)

②不知道对专业是否感兴趣。

a. 迷茫，不爱学习，听课时容易想别的事情，无法专注。　　　　　　　　　(　)

b. 能学点就学点，不学也没什么感觉，能学的时候是有点兴趣的。　　　　　(　)

③对自己专业不感兴趣。

a. 不了解自己的专业，主要是不爱学习造成的。　　　　　　　　　　　　　(　)

b. 对本专业有一些了解，不过是家长帮忙选的专业，自己并不愿意选择这个专业，像是被骗过来的。　　　　　　　　　　　　　　　　　　　　　　　　　　　(　)

c. 本来有点爱学，可是有些学科学得不好，就不感兴趣了，专业兴趣不稳定。(　)

d. 听别人说这个专业很好，但了解后感觉并不理想。　　　　　　　　　　　(　)

第二节 性格：我适合什么

一、性格理论

(一) 性格的内涵

每个人的性格都是不同的，就像世界上没有两片完全相同的叶子，人的性格也是如此。性格是指个人的品行道德和风格，是人格的一个重要组成部分，是个人有关社会规范、伦理道德方面的各种习性的总称，是不易改变的、稳定的心理品质，是个人后天形成的道德行为特征。在大学阶段，帮助大学生了解自己的性格特征，在学习、生活等方面塑造完美、成熟的性格，使大学生更好地步入职场、融入社会。

(二) 性格的范畴

性格包括显性的行为特征和隐性的心理倾向，是一个人心理面貌本质属性的独特结合，是人与人相互区别的本质表现。心理学家认为，性格由气质、个性和能力三方面组成。

1. 气质

气质是与脾气有关的性格组成部分，是依赖于生理素质或与身体特点相联系的人格特征，也可以称为"天性"，是一个人在正常、轻松的状态下收集信息、形成决定时采取的无意识的、天生的真实反应。由此可见，气质是先天形成的，每个人都倾向于通过天性中最舒适、最擅长的方式进行思考和行动，但是并不意味着不能使用不擅长的方式，即气质也会随着学习和成长逐渐改变。古人云"江山易改，本性难移"，要想改变已经确定的气质，是一件非常困难的事情。每个人的气质各有不同，古希腊医生希波克拉底认为气质取决于人体内的四种液体，即血液、黏液、黑胆汁和黄胆汁的混合比例。按照比例的不同，他将人的气质分为四种类型，即多血质、胆汁质、黏液质和抑郁质，这种说法一直沿用到今天。

2. 个性

个性是指个体在适应环境过程中所形成的独特行为和特质形式，是一个人所具有的几项比较重要的和相对持久的心理特征的总和，也可以称为"人格"。从现代意义上说，个性是在教育、文化背景、家庭、宗教信仰等环境因素作用下，个人对信息的收集和决定的形成采取的有意识的、主观的一贯反应，包括显性的行为特征和隐性的心理特征。个性作为一种稳定并且异于常人的特质，使人的行为具有一定的倾向性，因此个性可以说明一个人的全体和整合，既可以表现过去和现在的特性，也可以预示将来的行为。

3. 能力

能力是指能胜任某种工作或完成某项任务的主观条件。这种条件可以是由先天因素决定的，如经过遗传获得的基本素质；也可以是经过学习和实践得来的，如解决某个专业领域的问题或处理某种实际问题的能力。

练习 2-4　从《西游记》里的师徒四人看"职场"性格

《西游记》里的孙悟空、唐僧、猪八戒、唐僧四人的性格分别具有什么样的特征？在现代社会中，他们分别适合从事什么样的工作？

二、职业性格探索

MBTI 人格理论是当今全球最为著名和权威的性格测试理论。MBTI 的全称是 Myers Briggs Type Indicator，是由美国的凯恩林·布里格斯和她的女儿伊莎贝尔·布里格斯·迈尔斯所制定的。它通过了解人们在做事、获取信息、决策等方面的偏好将人的性格分成四个维度，分别是"外向（E）—内向（I）""感觉（S）—直觉（N）""思维（T）—情感（F）"和"判断（J）—知觉（P）"。这四个维度如同四把标尺，每个人的性格都会落在标尺的某个点上，这个点靠近哪个端点就意味着这个人有哪方面的偏好。MBTI 中所说的偏好只是强调人们在通常情况下更喜欢或更习惯使用某种功能或持有某种态度，这并不意味着人们不会使用非偏好一边，事实上所有的人两边都会使用。也就是说，不能根据一个人某一两次的表现来确定他的偏好。

（一）通过 MBTI 了解性格

1. 外向（E）—内向（I）

这个维度是人们与外部世界的相互作用是怎样的，即能量获得的途径，如表 2-2 所示。这个维度是区分个体的最基本维度。我们以自身为界，可以将世界分为自身以外的世界和自我世界两个部分，也可称为外部世界和内部世界。外向的人倾向于将注意力和精力投注在外部世界，如外在的人、外在的物、外在的环境等；而内向的人则相反，较为关注自我的内部状况，如内心情感、独立思考等。因此，外向与内向个体之间的区分是广泛而明显的，与人们通常所讲的"外向者健谈、内向者害羞"的定义略有不同。

表 2-2　E—I 维度解释

能量倾向：你更喜欢将自己的注意力集中于何处？从何处获得活力？	
外向（Extroversion，E）	内向（Introversion，I）
热情洋溢	冷静谨慎
关注外部环境	关注自己的内心世界
喜欢用谈话的方式进行沟通	更愿意用书面形式沟通
兴趣广泛	兴趣专注
乐于与人交往、善于表达	更愿意独处、不善愿意主动表达

续表

能量倾向：你更喜欢将自己的注意力集中于何处？从何处获得活力？	
先行动，后思考	先思考，后行动

练习 2-5

(1) 用微信聊天时，你更喜欢发语音还是发文字？

(2) 除去职业外衣，判断相声演员郭德纲与于谦分别属于外向型还是内向型。

2. 感觉（S）—直觉（N）

这个维度关注的是人们接受外界信息的方式是怎样的，即注意力的指向，如表 2-3 所示。

首先，面对同样的情景，两者的注意中心不同，依赖的信息通道也不同。感觉型的人，关注的是事实本身，注重细节，而直觉型的人注重的是基于事实的含义、关系和结论；感觉型的人信赖听到、看到、闻到、感觉到、尝到的实实在在、有形有据的事实和信息，而直觉型的人注重"第六感觉"，直觉型的人的许多结论在感觉型的人眼里，也许是飘忽的、不实在的。注重细节的结果是感觉型的人擅长记忆大量事实与材料；而直觉型的人更擅长解释事实，捕捉零星的信息，分析事情的发展趋向。

表 2-3 S—N 维度解释

接收信息：你如何获取信息？	
感觉（Sensing，S）	直觉（iNtuition，N）
倾向于用五官来获取精确信息	习惯于通过所谓的第六感来获取信息
着眼于当前的实际情况	着眼于未来的可能
相信自己的经验	相信自己的灵感或推理
对概念和理论兴趣不大	对概念和理论感兴趣
倾向于进行细节描述	倾向于用概括、隐喻的方式进行表述
固守现实、享受现实	习惯改变、突破现实

其次，感觉型的人对待任务，习惯于按照规则、手册办事，而直觉型的人，习惯尝试，跟着感觉走，不习惯仔细地看完一大本说明书再动手；感觉型的人习惯于固守现实、享受现实、使用已有的技能，直觉型的人更习惯改变、突破现实。

简言之，感觉型的人注意"是什么"，实际而仔细；直觉型的人则更关心"可能是什么"。

练习 2-6

（1）在组装玩具过程中，你有看说明书的习惯吗？

（2）开车的时候，你喜欢用导航吗？

（3）请用大海是_____造句，以此来判断自己是感觉型还是直觉型。

3. 思维（T）—情感（F）

这个维度关注的是人们是如何做决定的，即决策判断方式，如表 2-4 所示。

这个维度的名称也许会让人认为思维型的人是理性的，而情感型的人是非理性的，但事实并非如此。两类人都有理性思考的成分，但其做决定或下结论的主要依据不一样。思维型的人比较注重依据客观事实的分析，持续、公正地贯彻规章制度，不太习惯根据人情因素变通，哪怕做出的决定并不令人舒服。而情感型的人常从自我的价值观念出发，变通地贯彻规章制度，做出一些自己认定是对的决策，比较关注决策可能给他人带来的情绪体验，人情味较浓。

表 2-4 T-F 维度解释

处理信息：你是如何做决定的？	
思维（Think, T）	情感（Feeling, F）
直接性的、分析性的，用大脑做决定	坚信自己的价值观，习惯于用心灵做决定
行为冷静，公事公办	行为温和，注重社交细节
很少赞扬别人	习惯赞美别人
言语平实、生硬	言语友善、委婉
寻求一个合乎真理的客观标准	寻求和谐的气氛和积极的人际交往

练习 2-7 你该如何决策？

（1）某学校规定在宿舍禁止使用大功率电器，一经发现按照违纪处理。假如你是宿舍管理部的学生干部，在检查过程中，你在好朋友书桌上发现了违规电器，你会怎么办？为什么？

请说说自己的决定和想法。认真倾听每个同学的想法，判断哪些同学可能是思维型，哪些同学可能是情感型。

（2）假设你是班级民主评议小组组长，现在你必须推荐一名同学参选"国家励志奖学金"。有两个候选人，即 A 和 B，你倾向于谁？

A 同学：成绩在全班排名第二，家庭经济条件一般，不经常参加集体活动。

B 同学：成绩在全班排名第三，家庭经济条件比较困难，代表学院参加各项技能大赛，利用业余时间考取各种证书，同学们反馈其平常学习比较刻苦。

4. 判断（J）—知觉（P）

这个维度关注的是人们做事的方式，即采取的行动方式，如表2-5所示。

生活中，有些人的桌面、柜子里物品摆放得井然有序，而有些人就习惯于随意，觉得舒服就好，前者是判断型的人具有的特征，而后者是知觉型的人经常有的状态。不仅如此，在行为上，判断型的人目的性较强，做事一板一眼，他们喜欢有计划、有条理、有序的生活方式；知觉型的人更愿意以比较灵活、随意、开放的方式生活。在做决策时，判断型的人较为果断，而知觉型的人总希望获得更多信息后再进行判断。

表2-5 J-P维度解释

行动方式：你是如何去做的？	
判断（Judging, J）	知觉（Perceiving, P）
集中精力、按部就班	喜欢体验生活
有系统、有计划	随意、自然
保守、谨慎	开放、灵活
条理清楚，计划明确	缺乏条理，保持弹性

练习2-8 你会去吗？

现在是星期五下午，你在星期日上午要参加大学英语四级考试。这是你最后一次机会参加这个考试了，而你感觉自己还有不少东西没准备好，因此打算在今天晚上和星期六好好复习一下。忽然你接到电话，有个好朋友从外地来找你了，你们好久没有见面了，他邀你今晚聚一下，星期六一早他就要离开。你会去吗？为什么？

练习2-9 写出你的MBTI类型代码

我的MBTI类型代码

在完成了MBTI四个维度的练习之后，你是否已经初步判断出自己在每个维度上的偏好？对照每个偏好的解释，然后在下面横线上写下自己的MBTI类型。

能量倾向：_____；
接收信息：_____；
处理信息：_____；
行动方式：_____。

（二）基于MBTI的16种性格类型解析

MBTI是一项综合性的性格类型探析方法，这就意味着我们不能只以一个方面的维度来理解人物的性格，而应该综合各个方面来了解一个人。在MBTI的四个维度中，两两组合，就形成了 16 种性格类型，这 16 种性格类型及特点如表 2-6 所示。

表 2-6　基于 MBTI 的 16 种性格类型及特点

性格类型	性格特征	职业类型	代表人物
ISTJ	安静、严肃，通过全面性和可靠性获得成功。实际、有责任感。决定有逻辑性，并一步步地朝着目标前进，不易分心。喜欢将工作、家庭和生活都安排得井井有条。重视传统和忠诚	护理指导员、会计、银行查账员、教师、管理者、药剂师、医学研究者、律师秘书、律师专职助手、政府雇员等	包青天 廉洁公正、不攀附权贵，故有"包青天"及"包公"之名。这种人一丝不苟、认真负责，而且明智豁达，是坚定不移的社会维护者。他们讲求实际、非常务实，总是对精确性和条理性孜孜以求，而且有极大的专注力。对这类人而言，满意的工作是技术性的工作
ISFJ	安静、友好、有责任感和良知。致力于完成他们的义务。全面、勤勉、忠诚、体贴，留心他们重视的人的小细节，关心他人感受	CEO、工程师、室内装潢设计师、护士、主管及经理行政助理、幼师、宗教工作人员、家政人员	诸葛亮 诸葛亮一生"鞠躬尽瘁、死而后已"，是中国传统文化里忠臣与智者之代表。这种人忠心耿耿、一心一意，富有同情心，喜欢助人为乐。这种人有很强的职业道德，一旦觉得自己的行动确有帮助，便会担起重担
INFJ	寻求思想、关系、物质等的意义和联系。对人有很强的洞察力。有责任心，坚持自己的价值观。对于怎样更好地服务大众有清晰的远景。对于目标的实现有计划而且果断坚定	心理咨询人员、艺术家、电影编辑、小说家、自由媒体策划人员、饮食学家、人力资源经理、商品策划人员等	林黛玉 她是才学横溢的诗人。这种人极富创意，他们感情强烈、原则性强且具有良好的个人品德，善于独立进行创造性思考。即使面对怀疑，他们对自己的观点仍坚信不疑，看问题常常能入木三分

续表

性格类型	性格特征	职业类型	代表人物
INTJ	在实现自己的想法和达成自己的目标时有创新的想法和非凡的动力,能很快洞察外界事物间的规律并形成长期计划。一旦决定做一件事就会开始规划并完成。多疑、独立,对于自己和他人能力及表现的要求都非常高	经济学家、企业家、医学专家、金融规划师、网络工程师、精神病专家、建筑设计师、社论作家等	比尔·盖茨 他是微软公司的董事长。这类人是完美主义者,他们强烈要求自主,看重个人能力,对自己的创新思想坚定不移,并受其驱使去实现自己的目标。这种人逻辑性强,有判断力,才华横溢,对人对己要求严格。在所有类型的人中,这种人独立性最强,喜欢我行我素。面对反对意见,他们通常多疑、霸道、毫不退让。对权威本身,他们毫不在乎,但只要规章制度有利于他们的长远目标他们就能遵守
ISTP	灵活、忍耐力强,是个安静的观察者,如果有问题发生,就会马上行动,找到实用的解决方法。分析事物运作的原理,能从大量的信息中很快找到关键的症结所在。对原因和结果感兴趣,用逻辑的方式处理问题,重视效率	信息服务人员、软件开发员、消防员、银行职员、海洋生物学者、警察、侦探、飞行员、赛车手、手工制作人员、画家等	杨再思 他是唐朝宰相,官运亨通。这种人奉行实用主义,喜欢行动,不爱空谈。他们长于分析、敏于观察、好奇心强,只相信可靠确凿的事实。由于非常务实,他们能很好地利用一切可利用的资源,而且很会把握时机
ISFP	友好、敏感、和善,享受当前。喜欢有自己的空间,喜欢能按照自己的时间表工作。对于自己的价值观和自己觉得重要的人非常忠诚,有责任心,不喜欢争论和冲突,不会将自己的观念和价值观强加到别人身上	运动专家、按摩医生、动物护理人员、验光师、职业疗法医师、工艺师、植物学家、商业计划人员等	梅兰芳 他是中国向海外传播京剧艺术的先驱。这种类型的人温柔、体贴、敏感,从不轻言非常个人化的理想及价值观。他们常通过行动,而非语言来表达炽烈的情感。这种人有耐心、能屈能伸,且十分随和,无意控制他人。他们从不妄加判断或寻求动机和意义

续表

性格类型	性格特征	职业类型	代表人物
INFP	理想主义,对于自己的价值观和自己觉得重要的人非常忠诚。好奇心重,能很快看到事情的可能性,并使之成为实现想法的催化剂。理解别人并帮助他们实现潜能。适应力强,灵活	哲学家、记者、演员、音乐家、导演、漫画家、教育顾问、社会工作者、牧师等	徐志摩 他是近代诗人,代表作有《再别康桥》等。这类人珍视内在和谐胜过一切,他们敏感、理想化、忠心耿耿,有强烈的荣誉感。如果能献身自己认为值得的事业,他们便情绪高涨。对日常事务,他们通常很灵活、有包容心,但对内心忠诚的事业会义无反顾。这类人很少表露强烈的情感,常显得镇静自若、寡言少语。不过,一旦相熟,他们也会变得十分热情
INTP	对于自己感兴趣的任何事物都希望找到合理的解释。喜欢理论性和抽象的事物,热衷于思考而非社交活动。安静、内向、灵活、适应力强。对于自己感兴趣的领域有超凡的精力,以及深度解决问题的能力。多疑,有时会有点挑剔,喜欢分析	艺术鉴赏、金融投资顾问、考古学家、历史学家、物理学家、财务专家、律师、战略规划师等	爱因斯坦 他是世界杰的出物理学家。这类人善于解决抽象问题,他们满腹经纶,经常能闪现出创造的睿智火花。他们外表恬静,内心专注,总忙于分析问题。他们目光挑剔,独立性极高
ESTP	灵活、忍耐力强、实际、注重结果。觉得理论和抽象的解释非常无趣。喜欢积极地采取行动解决问题。注重当前,自然不做作,享受和他人在一起的时刻。喜欢物质享受和时尚。学习新事物最有效的方式是通过亲身感受和练习	情报人员、预算分析师、主持人、摄影师、厨师、园艺设计人员、野外探险者、汽车商人等	胡适 他是中国现代史上最著名的学者之一。这类人无忧无虑,属于乐天派,他们活泼、随和、率性,喜欢安于现状,不愿做长久计划。由于他们能够接受现实,一般心胸豁达、包容心强。这种人喜欢实实在在的东西,善于拆装

续表

性格类型	性格特征	职业类型	代表人物
ESFP	外向、友好、接受力强。热爱生活和物质上的享受。喜欢和别人一起将事情办成。在工作中讲究常识和实用性，并使工作显得有趣。灵活、自然、不做作，对于新的事物能很快适应。学习新事物最有效的方式是和他人一起尝试	幼师、心理医生、促销员、公关人员、经纪人、保险代理人、旅游项目经营者等	乔丹 他是美国前 NBA 职业篮球运动员。这一类人生性爱玩、充满活力，用自己的陶醉来为别人增添乐趣。他们适应性强，平易随和，可以热情饱满地同时参加几项活动。他们不喜欢把自己的意志强加于人
ENFP	热情洋溢，富有想象力，能很快地将事情和信息联系起来，然后很自信地根据自己的判断解决问题，总是需要得到别人的认可，也总是准备着给予他人关心和帮助，灵活、自然不做作，有很强的即兴发挥能力，言语表达流畅	人力资源管理师、变革管理顾问、宣传人员、播音员、演讲家、事业发展顾问、卡通制作者等	克林顿 他是美国历史上最年轻的总统。这类人热情奔放，满脑子新观念，他们乐观、率性、充满自信和创造性，能深刻认识到哪些事可为。他们对灵感推崇备至，是天生的发明家，他们不墨守成规，善于闯出新路
ENTP	反应快、睿智，有激励别人的能力，警觉性强、直言不讳，在解决新的、具有挑战性的问题时机智而有策略，善于找出理论上的可能性，然后再用战略的眼光分析。善于理解别人。不喜欢例行公事，很少会用相同的方法做相同的事情，倾向于一个接一个地发展新爱好	艺术总监、投资经纪人、后勤顾问、广告创意指导人员、国际营销商、金融规划师等	唐伯虎 他是吴中四才子之一，这种人好激动、健谈、聪明，是多面手，他们总是希望不断提高自己的能力，这种人天生有创业心、爱钻研、机敏善变、适应能力强
ESTJ	实际、现实主义、果断，一旦下决心就会马上行动。善于将项目和人组织起来将事情完成，并尽可能用最有效率的方法得到结果。注重日常的细节。有一套非常清晰的逻辑标准，又系统性地遵循，并希望他人也同样遵循。在实施计划时坚定而有力	军官、房地产经纪人、项目经理、业务运作顾问、证券经纪人、计算机分析人员、普通承包商、业务经理等	科林·鲍威尔 他是美国历史上第一位黑人国务卿。这种人办事能力强，喜欢出风头，办事风风火火。他们责任心强、诚心诚意、忠于职守。他们喜欢框架，能组织各种细节工作，能如期实现目标并力求高效

续表

性格类型	性格特征	职业类型	代表人物
ESFJ	热心肠、有责任心和合作精神。希望周边的环境温馨而和谐。喜欢和他人一起精确并及时地完成任务。对所有人、事都会保持忠诚。能体察他人在日常生活中的所需并竭尽全力帮助。希望自己和自己的所为能受到他人的认可和赏识	医护人员、教师、公关客户经理、业务员、销售代理、人力资源顾问、零售业主、信贷顾问等	理查德·尼克松 他是一位美国政治家，曾担任第37任美国总统，1974年时成为美国历史上第一位也是唯一在任期内辞职过的总统。这种类型的人喜欢通过合作来切实帮助别人
ENFJ	热情、为他人着想、有责任心。非常注重他人的感情、需求和动机。善于发现他人的潜能，并希望帮助他们实现。能成为个人或群体成长和进步的催化剂。忠诚，对于赞扬和批评都会积极地回应。友善、好社交，在团体中能很好地帮助和鼓舞他人，有领导能力	资金招募人、娱乐场馆主管、招聘人员、电视制片人、新闻广播员、政治家、网页编辑、多媒体制片人等	列宁 他是著名的马克思主义者、革命家、政治家、理论家、思想家、苏联共产党（布尔什维克）创立者、苏联建立者和苏联第一位最高领导人。这种人有爱心，对生活充满热情，他们往往对自己很挑剔。不过，由于他们自认为要为别人的感受负责，所以很少在公众场合发表批评意见。他们对行为的是非曲直明察秋毫，是社交高手
ENTJ	坦诚、果断，有天生的领导能力。能很快看到公司、组织程序和政策中的不合理性和低效能性，并能建设有效、全面的系统来解决问题。善于做长期的计划和目标的设定。通常见多识广，博览群书，喜欢拓广自己的知识面并将此分享给他人。在陈述自己的想法时强而有力	CEO、理事、法官、社团负责人、网络一体化专家、人事经理、技术培训员、广告业务经理等	朱棣 他是明朝第三位皇帝，朱元璋第四子。这种人是极为有力的领导人和决策者，能明察事物中的各种可能性，喜欢发号施令。他们是天才思想家，做事深谋远虑、策划周全。这种人力求把事做好，生就一双锐眼，能够一针见血地发现问题并迅速找到改进方法

请对照表2-6，看一看与你所属的类型描述和你了解的自己有多少相符。

练习 2-10

学习 MBTI 人格理论以后,你认为还可以在你的性格特点中增加哪些性格特点?

三、职业与职业性格的关系

性格与职业有着非常密切的关联,具体如下。

(一)性格决定了与别人沟通的方式、讲话的方式、工作的风格,与职业息息相关

性格会使一个人更加偏爱某种环境,但是由于性格不同,每个人在对不同环境的认知过程中,也会表现出不同的风格。如果从事与自己的性格不匹配的工作,个人的才能就会受到阻碍,会让人没有动力坚持下去。另外,让一个人在某种职业中获得成功的性格,可能会让人在另一种职业中大受挫折。因此,在职业选择中,我们应尽可能充分地考虑自己的个性特征与职业要求是否适应,这样在工作中才能发挥特有的能力,才能利用个人资本,体验更多的快乐和愉悦。

(二)性格无所谓好坏,了解自己的性格,选择工作时注意相互匹配,在工作中更好地扬长避短

研究表明,不同职业的从业人员性格也不同,某一类职业工作能够体现某一类共同的职业性格。大学生在进行职业生涯规划过程中,要充分了解自身的性格特点,并在选择职业时尽量做到职业与性格相匹配,尤其是在大学期间,要有意识地培养和塑造自身的性格,扬长避短,找准自己的定位,实现自己的价值。

(三)性格是可以培养的,在性格不能完全适应某项职业时,可以对性格进行培养,发展相应的职业性格,也可以对工作再认识再选择

性格不仅对于我们的职业生涯有很大的影响,对我们的人生也有十分重要的意义。性格在职业发展中占据很大比例,性格类型与职业或教育环境间有一定的匹配关系,但并不代表性格与职业或专业是完全单一对应的,两者之间不存在严格的对应关系,没有百分之百的适合,也没有百分之百的不适合。但是这种匹配关系,一方面可以让我们"知己",另一方面可以给我们提供职业和专业选择的参考或可能性。无论我们是要缩小选择的范围,还是要拓展探索的领域,都必须从"知己"延伸到"知彼",对职业及教育世界做深入地了解,这有助于我们对当下和未来的选择做出更加清晰的决定。

第三节 职业价值观:我重视什么

【拓展阅读】

国有难,召必回,战必胜!

2020年春节,一场突如其来的新冠肺炎疫情打乱了人们的生活。在这场紧张的战"疫"行动中,医护人员毅然决然地选择"逆行",党员干部义无反顾地奔赴"前线",社区工作

者和广大志愿者毫不犹豫地投入"战斗",有的放弃了春节休假,有的顾不上吃一口团圆饭,有的推迟了已经筹备好的婚礼,有的则带病奋战在"抗疫"前线……无论是最前线还是后方保障阵地,涌现无数感人瞬间和动人场景,按着红手印的请战书,脸上深深的口罩勒痕,母子隔空深情拥抱,"渐冻院长"张定宇隐瞒病情与疫情搏斗,通关"零延时"保障医护物资在第一时间送往前线等等。

在一幕幕感动中,在一句句声援里,我们感受到中华民族"为有牺牲多壮志,敢教日月换新天""愈挫愈勇,顽强拼搏""风雨同舟,并肩携手"的闪光价值。这一切,在让人泪目的同时,也不禁令人深思,这些行为的背后究竟彰显着怎样的价值力量?

一、职业价值观理论

我们每天都要做出很多选择,比如,早上几点起床?吃什么早餐?出门穿什么衣服?选择以什么样的方式度过一天?不同的人会有不同的选择,而不同的选择就反映了我们不同的价值观。

人生总会面临很多选择,毕业时的工作选择也是如此。找一份收入一般、稳定、离家近的工作,还是找一份薪水高、压力大、背井离乡的工作?你会如何选择?很多大学生对想从事的职业有着各种各样的追求与期待,但他们往往忽略了职业价值观在求职路上的重要性。职业价值观决定人们的职业期望,影响人们对职业方向和职业目标的选择,决定人们就业后的工作态度和劳动绩效水平,从而决定人们的职业发展情况。哪个职业好?哪个岗位适合自己?从事某项具体工作的目的是什么?这些问题都是职业价值观的具体表现。职业价值观是我们择业时心中的天平与尺子,用以衡量个人偏好,反映自己内心最真实的择业渴望与需求。每个人都会有做出选择的理由,这实际上是受价值观的影响。

(一) 价值观的概念

价值观是人们在生活和工作中所看重的原则、标准和品质。它指向人们一生中最重要的东西,因此它是一套自我激励机制。

(二) 价值观的形成

价值观是后天形成的,家庭、学校、所处工作环境等对个人价值观的形成起关键作用,其他社会环境对价值观的形成也有重要影响。个人价值观有一个形成过程,它是随着知识的增长和生活经验的积累而逐步确立起来的。古人说"三岁看大,七岁看老",价值观在一个人的童年早期开始形成,到了成年时相对稳定,个人价值观一旦确立,便具有相对稳定性,是不易改变的,但是当遇到一些重要事件时,人的价值观会发生一些改变。就社会和群体而言,由于人员的更替和环境的变化,其价值观是不断变化的。传统价值观会不断受到新价值观的挑战,这种价值观冲突的总体趋势就是前者逐步让位于后者。价值观的变化既是社会改革的前提,又是社会改革的必然结果。

(三) 价值观的特征

首先，价值观是因人而异的。由于每个人的先天条件和后天环境不同，人生经历也不尽相同，每个人价值观的形成会受到不同的影响，因此，每个人都有自己的价值观和价值观体系。在同样的客观条件下，具有不同价值观和价值观体系的人，其动机模式不同，产生的行为也不同。

其次，价值观是相对稳定的。价值观是人们思想认识的深层基础，它形成了人们的世界观和人生观。它是随着人们认知能力的发展，在环境、教育的影响下，逐步培养而成的。人们的价值观一旦形成，便是相对稳定的，具有持久性。

最后，价值观在特定的环境下又是可以改变的。由于人们生活环境的改变，经验的积累，知识的增长，所处的年龄阶段变化，需求发生改变，价值观有可能发生变化。

(四) 价值观的意义

1. 价值观是人的过滤器

它决定了什么对你最重要，什么对你不重要，什么是有意义、有价值的，什么是无聊的、乏味的。

2. 价值观是成功的基础

有什么样的决定，就会造成什么样的命运，而主宰我们做出不同决定的关键因素就是个人的价值观。

3. 价值观是人生决策的依据

当你知道了自己最重要的人生价值所在，那么做决定就易如反掌，你的潜能就能充分发挥出来。

4. 价值观是人生的指南针

每当你面临抉择的关头，它就会带你做出决定，引领你采取必需的行动。

5. 价值观有着时代的烙印

每个时代都有着时代烙印的主流价值观。以英雄为例，古代的英雄，往往是指那些勇武过人的猛士，比如关羽、武松。而现在具有英勇品质的人，也可被叫作"英雄"。但一说到"英勇"，我们往往会想到一些惊天地、泣鬼神的壮举，因为"英勇"后面往往跟着"无畏""就义""献身"之类的词。2020年的全民战"疫"，丰富了也刷新了我们对"英雄"的理解。固然，在这次"抗疫"中，我们有气势如虹的钟南山，有默默牺牲的夏思思，但更多的英雄是在别人需要自己的时候挺身而出并全力以赴的人。

(五) 职业价值观

职业价值观是人生目标和人生态度在职业选择方面的具体表现，也就是一个人对职业的认识和态度以及他对职业目标的追求和向往。生涯大师舒伯认为职业价值观是个人追求的与工作有关的目标，他将职业价值分为三个维度：内在价值观、外在价值观和外在报酬。他把人的职业价值观分成十五项,分别是:利他性、美感、创造性、智力激发、成就感、独立性、声望、管理、经济报酬、安全性、工作环境、监督关系、同事关系、生活方式、变动性。

每种职业都有各自的特性,不同的人对职业意义的认识、对职业好坏有不同的评价和取向,这就是职业价值观。

练习 2 - 11 有关"工作"的一分钟联想

请在纸上写下"我希望做……工作",在一分钟的时间内尽可能多地写下头脑中所能联想到的任何短语。

请思考:你在未来的工作中最看重什么?你判断某个职业好坏的标准是什么?

二、职业价值观分类

职业价值观量表(Work Value Inventory,WVI)是舒伯和他的同事开发的一个包括三个维度、十五个因子的价值观量表,如图 2 - 2 所示。通过这个量表可以了解人们对工作的各项特征的重要性的排列优先次序。

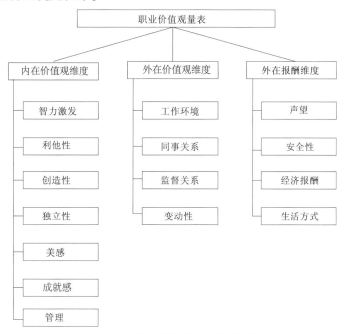

图 2 - 2 职业价值量表的构成因素

人们在做选择的时候,无论如何都不会放弃的职业中的那种至关重要的东西或价值观,实际上就是人们选择和发展自己的职业所围绕的中心,除非他不可以选择。这个中心就是职业锚,职业指导专家施恩(Schein)教授和他的研究小组,进行了十几年的研究,总结分析出职业锚理论,认为职业锚可以分为八种,如表 2 - 7 所示。

表 2-7　八种职业锚

类型	内容
技术/职能	爱自己专业的技术/职能工作，注重个人在专业技能领域的进步发展
管理	能发展和提高自己的人际沟通、解决问题的能力，并能得到职位的提升
自主/独立	希望在自由度高、少受约束的环境中，按自己的想法开展工作
安全/稳定	关注公司的稳定、工作的保障和收益的安全
创业	渴望建立或创造完全属于自己的东西，如作品、公司等
服务	希望用自己的知识、技巧帮助别人
挑战	渴望超越自我，解决别人看来难以解决的问题，战胜强有力的竞争对手
生活	希望工作有足够的弹性，可以同时兼顾个人、家庭和职业的需要

职业指导专家通过大量的调查，把职业价值观分为九类，这九类职业价值观的类型、特点及对应职业类型，如表 2-8 所示。

表 2-8　职业价值观的九种分类

职业价值观	典型特点	对应职业类型
自由型（非工资工作者型）	希望少受别人指使，凭自己的能力拥有自己的小"城堡"，不愿受人干涉，想充分施展本领	室内装饰专家、图书管理专家、摄影师、音乐教师、作家、演员、记者、诗人、作曲家、编剧、雕刻家、漫画家等
经济型（经理型）	认为世界上的各种关系都建立在金钱的基础上，包括人与人之间的关系，甚至父母与子女之间的爱也带有金钱的烙印。这种类型的人确信，金钱可以买到世界上所有的幸福	各种职业中都有这种类型的人，如商人等
支配型（独断专行型）	相当于组织的一把手，独断专行，但参考他人意见，努力实现自己的想法，且视此为无比快乐的事	进货员、商品批发员、旅馆经理、饭店经理、广告宣传员、调度员、律师、政治家、零售商等

续表

职业价值观	典型特点	对应职业类型
小康型	优越感很强，很渴望有社会地位和名誉，希望常常受到众人尊敬	记账员、会计、银行出纳、法庭速记员、成本估算员、税务员、核算员、打字员、办公室职员、统计员、计算机操作员等。
自我实现型	一心一意想发挥个性，追求真理，不考虑收入、地位及他人对自己的看法，尽力挖掘自己的潜力，施展自己的本领，并视此为有意义的生活。不太关心平常的幸福感	气象学者、生物学者、天文学家、药剂师、动物学者、化学家、科学报刊编辑、地质学家、植物学者、物理学者、数学家、实验员、科研人员等
志愿型	富于同情心，把他人的痛苦视为自己的痛苦，不愿干表面上哗众取宠的事，把默默地帮助不幸的人视为无比快乐的事	社会学者、导游、福利机构工作者、咨询人员、社会工作者、社会科学教师、护士等
技术型	性格沉稳，做事组织严密，井井有条，并且对未来以平常心态看待	木匠、农民、工程师、飞机机械师、自动化技师、机械工、电工、火车司机、公共汽车司机、机械制图员等
合作型	人际关系较好，认为朋友是最大的财富	公关人员、推销人员、秘书等
享受型	喜欢安逸的生活，不愿从事任何有挑战性的工作	无固定职业类型

练习 2-12　选一选喜欢的职业

看以下几份职业背景，选出你喜欢的一份职业，并说说你喜欢这份职业的原因，最看重这份职业的哪个特点。

(1) 职业 A：刚入职时收入低，但培训机会多，能学到不少东西（如室内设计、建筑工程等）。

(2) 职业 B：工作稳定（如教师、公务员），有社会地位，但不可能发大财。

(3) 职业 C：世界 500 强企业，收入高、压力大、常加班、工作收获大，但不稳定，可能会碰到裁员等情况。

(4) 职业 D：工作专业性强，被替代性低，有社会地位，收入稳定、较高，但工作挑战性强，压力大，要值夜班（如医生）。

（5）职业 E：工作需要讲奉献精神，有社会地位，受到全国人民的尊重，当人民、社会、国家需要你的时候，必须站在前线（如军人）。

（6）职业 F：让你不断得到自我满足感的职业，不单调，相对自由，但又要被责任感束缚。自己的职业道德和职业能力会让你得到不同级别的认同和尊重，比其他行业的人更有机会改变人生节奏和生活状态（如销售人员）。

（7）职业 G：大学毕业后根据自己的兴趣和特长，自己创业，做自己喜欢的事，但风险也大，可能成功，也可能失败。

三、职业价值观澄清

（一）澄清价值观的三个阶段

每个人都有自己独特的价值观，由于自己所处的生涯发展阶段、社会环境不同，需求也会发生变化，从而可能导致价值观的变化。当今多元社会中多种价值观的冲击也会导致原有价值观体系的混乱乃至改变。因此，需要不断对价值观进行审视和澄清。自我价值观的澄清由三个阶段、七个步骤组成，如图 2-3 所示。

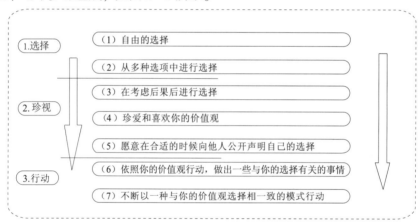

图 2-3 自我价值观澄清过程

（二）价值观澄清

在你的生命历程中，对你影响最深的事情有哪些？你最想做的事情是什么？完成下面的句子，你可以得到相关答案。

（1）如果我是个百万富翁，我会_____。
（2）我听过、读过最好的观念是_____。
（3）在这个世界上，我最想做的一件事情是_____。
（4）我一生最想要的事物是_____。
（5）我在_____情况下表现最好。
（6）我最关心的事情是_____。
（7）我幻想最多的是_____。

（8）我的父母最希望我能_____。
（9）我生命中最大的喜悦是_____。
（10）我是_____的人。
（11）熟知我的人认为我是_____。
（12）我相信_____。

当你把所有的题目填写完，你就会对自己的价值观有所了解，你就会发现你的生命中什么最重要。

请参照如下职业价值观，选出五种对你来说最重要的价值观，分别写在五张纸条上，并在纸条反面对挑选的重要价值观进行描述，即要达到什么样的程度才能满意。

职业价值观：知识、人际关系/归属感、团队合作、物质保障/高收入、稳定、安全、创造性、多样性和变化性、新鲜感、乐趣、自由独立、被认可、受尊重、能帮助他人、能发挥自己的才能、成就感、成功、名誉、地位、富强、有意义、有学习/发展/成长的机会、权力/领导或影响他人、有益于社会、挑战性、冒险性、竞争、符合自己的道德观、工作环境、工作地点、工作与生活的平衡、敬业、健康、家庭、朋友、亲情、亲密关系、爱、爱国、诚信、友善、信仰、幸福、为社会服务、和谐、公正、情绪健康、技能、法治、平等、文明、智慧、身体外观、社会声望……

第一步，现在请选择一张纸条和别人交换，交换出去后，意味着你将失去该项，将交换到的纸条放在桌子上，手里只剩下四张纸条。

第二步，接着再选择一张纸条和别人交换，交换出去后，意味着你将失去该项，将交换到的纸条放在桌子上，手里只剩下三张纸条。用同样的方法交换，直到手里只剩下一张纸条为止。看看那张纸条上是什么。

四人为一个小组进行讨论：大家的五项价值观一样吗？有什么差异？通过这个活动，你对自己的价值观有什么想法？

在价值观探索过程中，可能有人会发现自己对价值的取舍和排序是一个艰难的过程，甚至做完了各种测试，仍然不清楚自己想要的到底是什么。大学生正处于建立和形成个人价值观的生涯探索时期，有一些迷茫是必然的。每个价值观都有两个方面，有你喜欢的地方，也会有让你感觉到压力的地方。在职业价值观澄清的过程中，了解自己最在意的是什么，愿意为此承担什么样的代价，愿意做出怎样的努力是非常重要的。

对于大学生来说，清楚认识价值观之后，应该树立科学、正确的职业价值观，处理好职业价值观与金钱名利的关系，职业价值观与个人兴趣和特长的关系，职业价值观中个人与社会的关系，从而树立积极的职业发展观。

（三）职业价值观中的三个关系

1. 职业价值观与金钱名利的关系

金钱是一种成就的报酬，它是在确定职业价值观时首先要面对的问题。有些大学毕业生在择业时，将金钱作为首选价值观，从根本上来讲这并没有错，可是自己所拥有的知识、能力、经验和阅历不能使其一走上社会就能获得大量金钱。面对严峻的就业形势，更应理性降低对金钱的期望值，把眼光放长远一些，应尽可能将自我成长和自我实现作为择业时的首选。名利是人的欲望使然，欲望可以使人成就大的事业，也可以使人自我毁灭。以合理、合法、公正、公平的方式追名逐利在一定程度上对个人对社会都会有益，但它需要一定的度，该知足时则知足，该进取时则进取。

2. 职业价值观与个人兴趣和特长的关系

职业价值观、个人兴趣和特长是人们在择业时需要考虑的最重要的三个因素。在确定价值观时，一定要考虑它是否与自己的兴趣和特长相适应。据调查，如果一个人从事自己不喜欢的工作，最多只有20%的人可以在自己选择的职业上获得成功；如果选择了自己喜欢的工作则可以充分调动人的潜能，获得职业发展的原动力，从事自己喜欢的工作，每天都像生活在天堂一样；选择一项自己擅长的工作，也会事半功倍。

3. 职业价值观中个人与社会的关系

人不能离开社会而独立存在，择业时理性看待"人选职业"与"职业选人"之间的辩证关系，科学认识共同的理想和个人理想的关系，明白个人只有在工作中为社会做贡献才能实现自己的职业价值。愿意为个人的生涯发展和社会发展主动付出积极的努力，学会个人和社会的共同适应，把个人发展和国家需要、社会发展相结合，将个人的发展融入国家和社会的发展，只有这样才会最大限度实现自我价值。我们强调结合自己的兴趣爱好、能力特长全心全意为人民服务和奉献社会的职业价值观。

练习 2-13　职业价值观探索

（1）请在职业价值观量表（表 2-9）中选取五个对你来说最为重要的维度。你会选择哪五个？

（2）你认为表 2-7 中八种职业锚的描述哪些与你更相近？

（3）基于你的价值观，你将来可能从事的职业是什么？大学期间你将为此做些什么？

第四节　职业能力：我能做什么

一、技能分类

在当今这个竞争激烈的时代，能力高低直接决定我们能否最终在社会立足。进入大学进行专业学习，就是为了获得"一技之长"，能够顺利就业。我们把人格比作我们的"身份证"，而能力则是我们在社会上的"通行证"。拥有怎样的"通行证"以及它适用于哪些领域，将是一个人能否顺利就业的关键因素。

"你有什么样的能力？"是每个人在求职时都要面对的问题。能力是用人单位最关心的问题，也是我们在面试过程中、进入单位之后展现出来的。大学生在校期间，应明确自己需要发展和培养哪些技能才能胜任自己心仪的工作。

能力是人们顺利实现某种活动的心理条件，它不仅包含了一个人现在已经达到的水平，而且包含了一个人所具有的潜力。能力按照其获得的方式（先天具有与后天培养），可以分为能力倾向和技能两大类。能力倾向也称为潜能，是与生俱来的，比如运动健儿、歌手、舞蹈家等。技能是人们通过后天学习和练习而获得的能力，通常表现为某种动作系统和动作方式。

表达技能的词语，也就是用来说服老板给自己工作机会的词语。无论是简历还是面试，主要目的都是向老板证明：我有良好的能力，足以胜任这份工作。因此，面对"我为什么要应聘你"这样的问题，你在简历和面试中的回答都应当以自己与工作相关的能力为主线。你所谈到的任何能证明你能力的事情，都将增加你得到工作的机会。

要做到这一点，你需要对自己拥有什么样的能力有清楚的认识，同时要了解具体职业所要求的技能是什么。最后，你还需要在简历和面试中将自己与职业相关的技能以恰当的语言和事例充分地表达出来。

对个人技能的认识，建立在对技能分类的了解上。辛迪·梵（Sidney Fine）和理查德·鲍尔斯（Richard Bolles）将技能分为三种类型：①知识技能；②自我管理技能；③可迁移技能。通常人们比较容易想到自己所具有的知识技能，但实际上后两种技能更为重要。它们使我们有可能不局限于自己所学的专业，可以在更广的范围内选择职业；它们对于我们在竞争中胜出具有关键性的作用，并且使我们能够在工作中得以更长久地发展；而老板们对它们的重视程度，也往往超过了对单纯知识技能的重视。

（一）知识技能

"知识"是指陈述性知识，"技能"是指程序性知识。陈述性知识是关于"是什么"的知识，包括各种事实、概念、原则和理论等，它在人脑中是以命题和命题网络的形式存在的。程序性知识是关于"如何做"的知识，包括如何从事并完成各种活动的技能，它在人脑中是以产生式和产生式系统的形式存在的。

知识技能是指那些需要通过教育或培训才能获得的特别的知识或能力，也就是个人所学习的科目、所懂得的知识。比如你是否掌握电气自动化、云计算、程序编程或CAD制图等知识。知识技能一般用名词来表示。

知识技能不可迁移，也就是说，它们是一些特殊的词语、程序和学科内容，必须经过有意识地、专门地培训才能掌握。它们常常与我们的专业学习或工作内容直接相关。既可以通过正式的专业教育获取知识技能，也可以通过课外培训、现场讲座、社团活动、资格认证、网络课程培训等方式增加知识技能。另外，大多数公司都会为新员工提供岗前培训。

需要注意的是，技能的组合很重要。通常我们所说的"复合型人才"，正是指具有不同知识技能的人。技能的组合使我们在人才市场上更具竞争力，更加与众不同。比如，既精通编程，又精通英语，未来很可能是一个IT精英。再比如，某个无人机爱好社团，社团的成员只精通无人机的操作飞行，而不懂怎么设计和运行小程序，这在某种程度上降低了无人机功能的发挥。有的时候，大学生会认为有些非专业课程学了没有多大的用途，但一些似乎不那么起眼的知识，有可能使你在面试或工作中比他人略胜一筹。比如，高职院校开设的"社交与礼仪"课程使你懂得接待礼仪，而这样的优势也许正是招聘者所需要的。

练习 2-14　你有哪些知识技能？
请列举出对你来说最重要的五项知识技能。
＿＿＿＿＿＿、＿＿＿＿＿＿、＿＿＿＿＿＿、＿＿＿＿＿＿、＿＿＿＿＿＿。

（二）自我管理技能

自我管理技能经常被看作个性品质而非技能，因为它们被用来描述或说明人具有的某些特征。它涉及个体在不同的环境下如何管理自己：是勇于创新还是循规蹈矩，是认真还是敷衍了事，能否在压力下保持镇定，是否对工作有热情，是否自信等等。一般用形容词或副词来表示，具体词语如下。

自我管理技能词语：诚实、正直、自信、开朗、合作、耐心、细致、慎重、认真、负责、可靠、灵活、幽默、友好、真诚、热情、投入、高效、冷静、严谨、踏实、积极、主动、豪爽、勇敢、忠诚、直爽、现实、执着、机灵、感性、善良、大度、坚强、随和、聪明、稳重、热情、乐观、朴实、渊博、机智、敏捷、活泼、灵活、敏锐、公正、宽容、勤奋、镇定、坦率、慷慨、清晰、明智、坚定、乐观、亲切、好奇、果断、独立、成熟、谦虚、理性、周详、客观、平和、有创意、有激情、有远见、有抱负、有条理、想象力丰富、善于观察、坚忍不拔、足智多谋、精力旺盛、头脑开放、多才多艺、彬彬有礼、善解人意、吃苦耐劳……

良好的自我管理技能能够帮助个体更好地适应周围的环境、应对工作中出现的问题，因此它也被称为"适应性技能"。一个人是如何使用自己的专业知识、以什么样的态度从事工作的，这甚至比工作内容本身更为重要。事实上，高职院校在每年走访校企合作单位和订单班的时候，不少用人单位对高职毕业生评价较好：能吃苦耐劳、勤于学习、认真踏实等，而这些都与自我管理技能相关。因此，在大学阶段，培养良好的自我管理技能是非常必要的。

自我管理技能需要不断积累和锻炼，它不能从专门的课程中学到，只能在日常生活、工作中慢慢培养。不少毕业生在撰写自己的求职故事时，都提到了在校期间在各个学生社团的任职情况，参加的各种社团和集体活动，这些无形中对个人自我管理技能的提升有极大帮助。

练习 2-15　你有哪些自我管理技能？
（1）请列举你自己确实拥有的所有自我管理技能，并思考这些技能与哪些事件相关。
（2）你认为还有哪些技能是需要你通过自己进一步的努力来获取的？

（三）可迁移技能

可迁移技能就是一个人会做的事。比如教学、组织、设计、安装、帮助、计算、考察、分析、搜索、决策、维修等，一般用动词来表示。可迁移技能可以从生活的方方面面中得到发展，同时又很容易被迁移到其他情境中。例如，协调技能是可迁移技能，一个人既可以将协调技能用于部门内部，也可以将协调技能运用到部门与部门之间。

可迁移技能也被称为通用技能，是职业生涯中除岗位专业能力之外的基本能力，它适用于各种职业，能适应岗位的不断变换，是伴随人终身的可持续发展能力。在职业生涯规划中，可迁移技能需要被最先考虑和最详细叙述，它是最能够被持续运用和依靠的技能。专业知识技能的运用都是建立在可迁移技能基础之上的，一般用行为动机来描述。

可迁移技能可以从工作之外得到发展，也可以迁移到不同的工作中去。例如，在学生社团担任主席、部长等职务可以学到管理组织的技能；在家里帮父母照顾弟弟妹妹可以学到照顾的技能；常去参加各种社团活动可以使你在人际交往方面表现得更自如。

在求职时，尽管你可能没有从事过某项工作，但你可以通过以往的相关经历证明你有能力从事这项工作。例如，你可能不是空中乘务专业毕业的学生，但你在校期间曾经选修相关课程，曾经参加民航服务礼仪大赛并获奖，这样的经历同样可以使你成功地应聘空中乘务、地勤等相关工作。

练习 2-16　你有哪些可迁移技能？
请描述一下你拥有的可迁移技能，并选出其中你最胜任的一项能力。

二、技能分析

（一）三种技能的比较

上述三种技能在特点、词语表达方式、培养方式和重要性几个方面各有不同，相互之间的区别如表2-9所示。

表2-9　技能分类

分类	特点	培养方式	重要性	词语表达方式
知识技能	所掌握的知识	需要经过有意识地、专门地学习和记忆	常常被求职者夸大	名词
自我管理技能	所具有的特征和品质	用来帮助一个人更好地适应环境	影响职业生涯成功与否的关键	形容词或副词
可迁移技能	所能做的事	可以在生活的方方面面，特别是工作之外得到发展	用人单位最看重的部分	动词

练习 2-17　夸夸自己

请在三分钟内尽可能多地写下自己所拥有的能力，并将这些能力进行分类。

（二）自我技能的探索

用 STAR 法则来编写成就故事。请写下生活中令你有成就感的具体事件，然后对其进行分析，看看你在其中使用了哪些技能。

写一个你的成就故事，其内容包括：

(1) 当时的形势（Situation）；
(2) 面临的任务/目标（Task/Target）；
(3) 采取的行动/态度（Action/Attitude）；
(4) 取得的结果（Results）。

试分析其中所反映的个人技能，并将这些技能按优先次序加以排列。

（三）三种技能的组合与表达

当我们把知识技能、自我管理技能及可迁移技能融合成一种技能时，就能够非常清楚地表达自己的能力。如果我们在可迁移技能及知识技能前面加上自我管理技能，如"自然地""有效率地""深入地"等，这样一来，你对自己的技能就有了相当具体、确切的描述。

例如，系统地——收集——职业信息、熟练地——整理——新生资料、有效率地——完成——社会实践、有创意地——策划——校园活动、认真地——操作——实训内容、积极地——学习——职业生涯规划理论等。

三、技能培养

根据职业的技能要求培养和发展个人技能，了解职业的技能要求具有重要的意义。因为技能是多种多样的，技能的发展和培养又需要相当长的时间，而人的时间和精力是有限的，在大学生活中要将有限的时间花在什么活动上，这在很大程度上取决于我们希望达到的职业生涯目标和它所要求的技能。只有当我们明确了目标职业需要什么技能时，我们才能够提早准备，明确自己需要重点发展哪些技能，并通过校内外的各种课程和实践活动来培养这些技能，从而有计划、有针对性地过好大学生活，到毕业求职应聘的时候才能够做到有信心、有实力。

对大学生来说，重要的是能够从技能的角度看待职业和自己，并且在简历和面试中反映出自己与工作相关的技能。可以说，大学时代的学习绝不能是局限于书本知识和应试的学习，而必须是培养和发展各方面技能的广义的"学习"。

在大一、大二阶段，要多去了解和接触校园招聘会，知晓企业需要什么样的人才。如果希望提升某项技能，就要付诸行动，不能怕犯错，重要的是敢于尝试，在错误中学习也可提高技能。首先可以将希望提升的技能列成一个清单，然后通过书本、自学课程、补习班、网络课程、认证课程、工作室、志愿者活动等途径获得提升。需要谨记的是，一定要在学习中抓住每个可能提升这些技能的机会。例如，如果你迫切地想提升自己的沟通表达技能，就要多读书，扩充自己的知识储备，厘清自己的思路，珍惜每次在公众场合发言的机会，以提升沟通和表达能力。

四、职业种类与相应的职业能力要求

探索发现自身的技能，寻找适合的职业和工作。能力水平与职业类型越吻合，职业胜任力就越强。

练习 2–18 你为你的职业目标做了什么准备？

结合日常学习过程中对专业和工作世界的认识，你为未来的发展做了哪些准备？

美国大学与雇主协会关于雇主在 2015 年招聘时会优先考虑什么技能的一项调查数据显示，排名前十位的技能是：①团队协作能力；②做出决策和解决问题的能力（两者并列）；③与团队内外沟通的能力；④计划、组织和优先处理工作的能力；⑤获取和处理信息的能力；⑥分析定量数据的能力；⑦与工作相关的技术知识；⑧熟练使用计算机软件的能力；⑨创建与编辑书面报告的能力；⑩推销和影响他人的能力。在这项较近的调查中，我们可以看到，雇主对应聘者具有的可迁移技能和自我管理技能比之前更加看重。应聘者和雇主共同关注的是应聘者从前做过的、现在能做的、未来可以做的。

通过对我校 2020 届毕业生就业质量状况的分析，26.33% 的毕业生认为工作中最重要的通用能力是沟通与交流能力，然后依次是解决问题能力、团队协作能力、持续学习能力和专业知识技能。

应聘者工作的理想状态则是可以使用自身熟练的、擅长的并且最愿意使用的技能，找到核心竞争力。

因此，大学生在准备正式求职前，有必要认真地分析自己具有哪些技能，还需要培养哪些技能，只有这样才能在未来的求职中脱颖而出。在求职过程中，还应该尽可能向雇主表明自己具有哪些技能，并提供一些实例加以证明。在真正进入职场后，则应该发挥自己的技能，并在实践中不断提高和发展。

【实践应用】

我的未来我做主

这是我校 2017 级航空制造工程学院机制 4 班毕业生张向阳的求职故事。

（1）努力学习，提升自我技能。专业课很重要，对我们以后从事自己的专业工作有极大的帮助，是我们工作的基础。专业课上结合我们的实操再加上自己的兴趣一样会学得津津有味，用自己的专业知识解释生活中的机械原理，自己动手计算并设计减速器、夹具，在实训室里利用原料加工出不一样的零件，在课堂上用三维软件绘制想要的模型，每完成一件事都成就满满。

（2）参加各种比赛和社团，锻炼自我。在大学期间，我们有很多的闲暇时间供我们自由安排，我们既可以加入自己喜欢的兴趣社团，丰富自己的大学生活，也可以加入专业技能社团，学习更多的知识。同时，大学里还有很多比赛，我们可以选择自己感兴趣的比赛跟着老师和学长学习。刚开始肯定都不会，但是没关系，老师和学长会耐心地帮助我们走过这段迷茫期，过程一定会很苦，需要我们花费大量的休息时间，但是当我们站在别的院校与来自各个学校的佼佼者去竞争的时候就会发现，比起别的躺在宿舍消磨时间的同学我们已经走了好远，这既是对我们心性的一种磨炼，也提升了我们与别人交流合作的能力。

（3）提前规划自己的职业路线，对自己进行定位。找工作之前，我们就要未雨绸缪，自己去看行业需求和岗位需求，多了解，多问，去看学校就业网站上一年到校招聘的公司，从而确定自己心仪的几家公司，然后进行进一步的分析。等到就业时，大量公司来到学校招聘会，会让我们眼花缭乱。我认为找工作更多的是需要和自己的价值取向联系在一起，我想去哪，想要过激情一点的生活还是偏向过安定的生活。我的能力到底有多高，能不能适合这个岗位，或许大公司的工作并不合自己的心意。

【案例分析】

这名学生的求职故事让我们看到了当代大学生对于未来所付出的努力。其涵盖了对自我认知的技能、兴趣、价值观等方面内容的深刻理解，他对自己的定位、兴趣、价值观的认知非常明确，因此在求职过程中有的放矢，收获了心仪的工作。

【思考解答】

（1）通过学习，我们意识到个人的职业兴趣是职业生涯规划的重要依据之一，那么自己不感兴趣的工作可以不做吗？

答：能从事自己感兴趣的职业是每个人的理想，但职业选择除了兴趣，还要综合考虑性格、能力等方面，这也是理想与现实的差距和矛盾所在。调查显示，有超过60%的大学生正在就读自己不喜欢的专业，有50%的职业人正在做着自己不感兴趣的工作。但由于各种原因，大家也只能面对现实。因此，很多人需要在现实中追求自己的理想，立足于现实，把自己不喜欢的工作做好，并在这个过程中培养兴趣、积累技能，寻找新的工作机会。

（2）性格有好坏之分吗？怎样更好地培养良好的性格？

答：性格无所谓好坏，了解自己的性格，能更好地扬长避短。研究表明，不同职业的从业人员性格也不同，某一类职业能够体现某一类共同的职业性格。大学生在职业生涯规划过程中，要充分了解自身的性格特点，并在选择职业时尽量做到职业与性格相匹配。尤其是在大学期间，要有意识地培养和塑造自身的性格，扬长避短，找准自己的定位，实现自己的价值。性格是可以培养的，在性格不能完全适应某种职业时，通过坚持不懈地努力和实践，我们的性格能够向着所期望的方向发展。

（3）我专业一般，成绩平平，也没有什么特长，感觉自己能力不足，缺乏很多技能。我觉得自己在就业方面没有什么竞争力，我该怎么办？

答：这是许多大学生的一种普遍感受，即"我有的能力好像别人都有，别人有的我却没有"。造成这种情况的原因是我们在日常生活和学习中并不了解能力包括哪些方面，对自己也没有清晰的认识。事实上，我们从出生就开始不断地学习，其中既有对知识技能的学习，也有对自我管理技能和迁移技能的培养。最重要的是我们需要花时间了解自己，不仅要看到自己比较明显的技能，如知识技能，而且要看到自己那些不易察觉的知识技能、性格特点和擅长做的事情，并加以重视。如果能对自己的技能有全面的盘点和澄清，我们很有可能会惊讶于自己竟然掌握了这么多的技能，从而为之感到自豪！

【课后作业】

（1）根据自我认知部分的学习，依次写出自己的霍兰德代码、MBTI代码和重要职业价值观。

（2）用STAR法则撰写你的成就故事，列出自己最擅长并愿意在工作中使用的技能。

第三章 工作世界探索

【本章要点】

大学生不但要知道"我是谁",更要知道"我到哪里去"。从本章开始,职业生涯探索从认识自我内部世界转向认识外部工作世界。只有做到"知己知彼",才能更加全面地做好职业生涯决策和行动计划。法国著名作家、诗人和哲学家保尔·瓦雷里说过,"我们这个时代的麻烦就是将来不会是过去那个熟悉的模样"。工作世界变化不息,而且各种信息浩如烟海,如何应对瞬息万变的工作世界,掌握搜索、过滤、运用工作世界信息的方法,消除对工作世界的刻板印象,引导大学生了解世情国情,将个人价值要求与国家社会融为一体,是做好职业生涯规划非常重要的内容。

【案例引入】

●张明找到辅导员寻求帮助,自己学的是大数据技术与应用专业,高考填报志愿的时候因为对这个新兴专业的热爱,才选择报考了大数据技术与应用专业。他认为毕业时可以拓宽就业面,除了做数据分析师、计算机信息管理,还有与大数据相关的工作可以选择。但是这些职业的具体情况是什么样的,比如需要什么专业技能、对从业人员有什么素质要求等他还不是很清楚。

●大二学生李丽对自己所学的计算机信息管理专业不是很感兴趣,面对即将到来的就业她很焦虑,不知道该如何决断。报考这个专业时,家长和老师都说这个专业无论哪个单位都有需求,可就是这个专业的"万能"让她觉得这个专业没有什么特色和竞争优势。她想利用就业前不到一年的时间再学习一些自己感兴趣、有竞争力的专业知识和技能。但大千世界中有哪些所谓比较好的职业,这些职业的各项要求是什么,她不知道怎样去搜集这些相关信息。

●王月的理想是毕业后从事办公室白领的工作,穿着干练、优雅的职业装,坐在宽敞明亮的办公室里,面对计算机,轻松地处理一些领导交办的任务,到时间就下班回家。她按这样的要求千挑万选了一份工作,欢天喜地去上班,去实现自己的白领梦。可工作一段时间后,她发现工作并不像自己想象的那么轻松惬意,第一次进入职场对工作能力、工作方式、工作任务、工作时间、同事关系等各种不适应,她感叹到,这份工作看着光鲜亮丽,背后的辛酸苦辣只有真正经历了才明白,实际上并非自己想象的那样。

【理论讲解】

第一节 了解环境

一、了解环境对职业发展的意义和价值

(一) 帮助个体做出正确的生涯决策和生涯规划

每个人脑海中浮现的工作世界,可能是完全不同的。有些大学生看到的是同事之间激烈的竞争、领导的批评和指正,以及工作的一片繁忙杂乱,自己感觉身心疲乏;还有些大学生感觉工作世界是一个积极向上、充满斗志的场所,同事间友好相处,一片忙碌而和谐的氛围。每个人脑海中的工作世界之所以会有如此大的差别,与自我是否全面地了解自己所处的外部环境,是否能够很好地发挥外部环境对自己的积极作用有很大的关系。只关注自身负面信息的大学生常常会悲观叹息,对自己不够自信,没有辩证地看待自己所拥有的一切,从而做出错误或是不适合自己的生涯决策。相反,如果大学生能够正确认识分析自己面对的外部环境,认识到事物具有多面性,从而主动进行探索,看到其中的优势和机会因素,因势利导发扬光大,规避风险,从而做出最有利于自己的生涯决策。大学生面对不断变化的现代社会,要通过不断的学习新观念、新技术提升个人了解环境、适应环境的能力,积极做好自己的职业生涯发展规划,将时间因素列入分析内容,注意未来社会发展趋势的信息,以未来的眼光决定现在的方向,未雨绸缪地培养日后进入社会所需的知识、价值和技能。

练习 3-1　工作世界幻游

同学们先进行放松训练,在舒缓的背景音乐下,以自己觉得舒适的姿势坐好,反复深呼吸,达到放松状态。之后,闭上眼睛,想象自己毕业后上班的工作场景。两分钟后,睁开眼睛,并安静地坐一会儿。然后,将自己在幻游中感受到的细节记录下来。

(二) 加深对自我的认知

认识自己,心理学上叫作自我知觉,是个人了解自我的过程。在认识自我的过程中,人更容易受到外界信息的暗示与影响,从而出现自我知觉的偏差。比如我们常见的从众效应,同班同宿舍同学都去了那家单位,大家都选它,应该错不了,那我也选择那家单位。因此,客观真实地认识自己,需要避免在认识外部世界时出现绝对化要求、过分概括化、糟糕至极等非理性生涯理念。我们需要勇敢地面对自己,学会正确、全面地分析自己内部与外部世界所独有的连接,以及这个连接中的优缺点,知道适合自己的是什么,自己看重的是什么;在了解外部世界

的过程中，对自己有更为全面深入的了解，从而规划出适合自己的职业生涯发展之路。

（三）学会预测未知，承担风险

提前了解外部工作世界，一方面，可以帮助大学生预测未来自己将要面对的人和事物，使大学生做好预期和心理准备，不至于手忙脚乱、不知所措。另一方面，既然是预测，难免会出现一些意料之外的情况，这就为大学生应对不断变化的世界做好铺垫，并对自己的预测所带来的后果承担责任。使自己对这种变动不居的社会特性与需求，养成因应的观念和做法，让环境的"变"与个人的"应变"成为自己职业生涯发展过程中的警觉和认识。

二、探索个人的支持系统环境

"社会支持系统"，是指个人在自己的社会关系网络中所获得的，来自他人的物质和精神上的帮助和支援。这些帮助和支援的来源包括亲人、朋友、同学、同事、老师、合作伙伴、组织等，具体可划分为家庭环境、学校环境、社会环境、职业环境。这些社会支持系统是我们健康生活的一个重要保障，可以给我们带来信心和能量。同时，它们也是我们职业生涯重要的影响因素。这些因素对我们未来的职业发展有利还是不利？我们如何正确面对这些支持系统环境？下面的SWOT分析法可以给我们提供帮助。

所谓SWOT分析，S（Strengths）是优势、W（Weaknesses）是劣势、O（Opportunities）是机会、T（Threats）是威胁，即将研究对象所处的各种环境因素，分为外部环境因素和内部环境因素，外部环境因素包括机会因素和威胁因素，它们是外部环境对自身的发展有直接影响的有利和不利因素，属于客观因素；内部环境因素包括优势因素和劣势因素，它们是在职业发展中自身存在的积极和消极因素，属于主观因素。通过调查将这些因素列举出来，并依照矩阵形式对这些似乎独立的因素进行排列，对研究对象所处的情景进行全面、系统、准确的分析，从而发挥优势因素，克服劣势因素，利用机会因素，化解威胁因素，制订相应的发展计划、战略以及对策。

练习3-2　个人的支持系统环境分析

运用SWOT分析矩阵（表3-1），对影响自身职业选择的相关外部环境进行较为客观、系统的分析，考虑过去，立足当前，着眼未来（包括家庭环境、学校环境、社会环境、职业环境分析）。

表3-1　SWOT分析矩阵

内部环境因素	优势因素（S）	劣势因素（W）
外部环境因素	机会因素（O）	威胁因素（T）

第二节　了解产业、行业、职业

一、产业、行业、职业

个人的社会支持系统环境，包括家庭环境、学校环境、社会环境、职业环境。我们将视线聚焦到与我们职业发展关系密切的社会环境、职业环境上，更加清晰、深入地了解职业信息包含的内容以及搜索职业信息的方法。

（一）产业

产业是社会分工和生产力不断发展的产物。产业随着社会分工的产生而产生，并随着社会分工的发展而发展。

产业是指由利益相互联系的、具有不同分工的、由各个相关行业所组成的业态总称，尽管它们的经营方式、经营形态、企业模式和流通环节有所不同，但是，它们的经营对象和经营范围是围绕共同产品而展开的，并且可以在形成业态的各个行业内部完成各自的循环。

20世纪20年代，国际劳工局最早对产业做出了比较系统地划分，即把一个国家的所有产业分为初级生产部门、次级生产部门和服务部门。后来，许多国家在划分产业时都参照了国际劳工局的分类方法。第二次世界大战以后，西方国家大多采用了三次产业分类法。

在中国，产业的划分是：第一产业为农业，包括农、林、牧、渔各业；第二产业为工业，包括采掘、制造、自来水、电力、蒸汽、热水、煤气和建筑各业；第三产业分为流通和服务两部分，共四个层次。

（1）流通部门，包括交通运输、邮电通信、商业、饮食、物资供销和仓储等行业。

（2）为生产和生活服务的部门，包括金融、保险、地质普查、房地产、公用事业、居民服务、旅游、咨询信息服务和各类技术服务等行业。

（3）为提高科学文化水平和居民素质服务的部门，包括教育、文化、广播、电视、科学研究、卫生、体育和社会福利等行业。

（4）为社会公共需要服务的部门，包括国家机关、政党机关、社会团体以及军队和警察等。

（二）行业

行业（Industry）是指从事国民经济中同性质的生产、服务或其他经济社会的经营单位或个体的组织结构体系，有时候又称产业（Sector）。但从严格定义上来看，产业概念范畴比行业要大，一个产业可以跨越（包含）几个行业。

行业分类如下：保险业、采矿能源、地质、餐饮、宾馆、电信业、房地产、服装业、公益组织、广告业、航空航天、化学化工、健康保健、建筑业、教育培训、计算机、金属冶炼、警察、消防、会计、美容美发形体、媒体出版、木材造纸、零售批发、农业、旅游业、司法、司机、体育、学术研究、演艺娱乐、医疗服务、艺术设计、金融、因特网、音乐舞蹈、快递、运输业、政府机关、机械制造、咨询服务、电子商务、新能源开发与市场推广、环境保护、娱乐行业、珠宝行业、博物馆行业。

(三) 职业

职业是参与社会分工，利用自身专门的知识或技能为社会创造物质财富和精神财富，获取合理报酬作为物质生活来源，并满足精神需求的工作。

各种职业之间因劳动对象、劳动工具以及劳动支出形式的特殊性，产生了各自职业独特的属性。

中国职业规划师协会认为：职业包含十个方向，包括生产、加工、制造、服务、娱乐、政治、科研、教育、农业、管理。如果进行细化分类，会有九十多种职业，例如常见的工人、农民、个体商人、公共服务人员、知识分子、管理人员、军人等。

将职业与产业进行对比分析，可以概括为：

第一产业：粮农、菜农、棉农、果农、瓜农、猪农、豆农、茶农、牧民、渔民、猎人等。

第二产业：瓦工、装配工、注塑工、折弯工、压铆工、投料工、物流运输工、普通操作工、喷涂工、力工、搬运工、缝纫工、司机、木工、电工、修理工、屠宰工、清洁工、杂工等。企业制造多用"黑领""蓝领"来表示，随着社会的发展，"白领"在制造业中也很常见。

第三产业：公共服务业都属于此类。大型或公办教育业、政治文化业、大型或公办医疗业、大型或公办行政、管理业、管理人员、军人、民族宗教、公办金融业、公办咨询收费业、公办事务所、科研教育培训业、公共客运业、通信邮政业、通信客服业、影视事务所、人力资源事务所、发行出版业、公办旅游文化业、文员白领、家政服务业、个体商户、盲人中医按摩业、个体药店、外卖、个体网吧、售卖商业、流动商贩、个体餐饮业、旅游住宿业、影视娱乐业、维修理发美容服务性行业、个体加工业、个体文印部、个体洗浴业、回收租赁业、流动副业、综合服务业、房地产开发业、宇宙开发业等。

职业之间有哪些共同的特征？职业本身的特征又有哪些？

1. 社会性

职业的根本依据是社会分工的产生。一方面，在职业活动过程中，劳动力运用劳动资料进行劳动生产，创造劳动成果，劳动力和劳动资料实现了结合。劳动成果需要在不同个体或企业间进行等价流通、交换，以实现其价值。另一方面，在劳动过程中，劳动者之间也建立了各种不同的劳动关系，这些无疑是职业社会属性的生动体现。

2. 规范性

无规矩不成方圆，在职业中亦然。职业的规范性包含两个方面，一是指职业本身的技术规范操作要求，二是指职业道德规范。每种职业都有自身的独特技术操作规范，这是职业专业性、技术性的体现。而且，不同职业在劳动过程中，在面向社会提供服务时，还需要遵守自身职业独特的以及普遍的一些道德规范。职业内部规范与职业道德共同构成了职业规范的内涵与外延。

3. 功利性

职业的功利性已经包含在其概念里。职业是人们借以谋生、提高生活品质的手段，通过付出自己的知识和技能，获取物质报酬以及实现自我价值。因此，职业具有双重经济价值，既能满足职业者自身的需求，又能为社会发展做出贡献。所以，只有将小我融入大我，在社会环境中劳动创造，将个人的价值要求与国家社会的发展需求有机结合，个人的职业活动及职业生涯才具有更强的持久性和更大的意义。

4. 时代性

人类社会不断发展进步，科学技术日新月异，人们的生活方式、价值理念等也随着时代的变化而不断更新。我们赖以生存的职业随着时代需求在变迁，有些职业被淘汰不复存在，有些职业则顺应时代发展需要而诞生，成为炙手可热的新兴产业。因此，职业也具有鲜明的时代特征。

练习 3-3 想一想，比一比

产业、行业、职位、工作、职业和职业生涯这几个词的含义在理论上仍然存在着一定程度的争议，我们如何进行区分？以"我是智能创新公司的一名程序员"进行对比，小组之间交流讨论。

二、职业信息的内容

（一）职业信息概述

职业信息是关于未来想要从事的职业和工作岗位的各种就业政策和规章制度，各类招聘活动中各个职业、工作岗位发布的具体用人信息，以及其他与毕业生就业相关的各种数据、消息、资料等。

随着全球通信和互联网的迅速发展，各种职业信息纷繁复杂。面对庞杂的职业信息，需要大学生结合自身实际需求，对获得的各种信息进行筛选，去伪存真，整理出准确、有效的信息，帮助自己正确了解各种职业的具体情况及其发展动态，从而在众多职业中做出匹配的职业选择。

职业信息收集与运用为大学生与未来的职业生涯牵线搭桥。通过收集整理职业信息，大学生可以了解工作世界对不同职业角色的素质要求，了解企业文化、价值、规范，增强工作适应能力，培养职业角色意识，树立职业发展理想，明晰个人职业目标，从而尽早做出职业生涯发展规划，安排大学生活、学习和社会实践，提升职业能力，促进职业发展目标达成，最终实现职业理想。

(二) 职业信息的内容

当今时代是一个信息爆炸的时代,而这里,我们把"信息"限定在与职业、工作有关的消息、情报、指令、数据、信号等一切可传递和交换的知识及内容上,主要包含职业发展的宏观信息和微观信息。

练习 3-4 头脑风暴

你未来想从事的职业是什么?然后进一步思考,你想获得关于这个职业哪些方面的信息。思考后,与身边同学进行交流。

1. 职业发展的宏观信息

职业发展的宏观信息一般指大的时代背景信息,即与职业有关的时代发展背景、现今全国以及各地区就业岗位需求形势、劳动力供求关系以及国家就业政策规定,具体包括职业需求者关注的社会保险、户口档案接收、大学生就业创业等方面的政策法规。

(1) 经济信息化、全球化时代到来。

信息化是当今时代发展不可逆转的趋势。信息化是建立在计算机技术、数字化技术和生物工程技术等先进技术基础上的。它使社会经济结构以服务性行业为主,专业和技术阶层逐渐成为职业主体,知识创新成为社会发展的主要动力,人们更加关注社会未来的发展趋势。它也为人类提供了更为有效的交往手段,智能化和全球化特征更为突显,时间、距离、国家的概念在淡化。跨国公司、互帮互助、跨国协作成为常态,企业的国际化发展势在必行。

因此,大学生在进行职业规划以及求职就业时,需要具备国际视角,将自己置身于信息化大潮之中,以更为开阔的格局迎接未来的职业生涯。

(2) 供给侧结构性改革的新机遇。

一方面,随着我国高等教育大众化的实现,高等院校招生人数不断攀升,随之而来的大学生就业压力也在逐年增加,毕业生总人数不断创历史新高。另一方面,就业总量和结构性矛盾依然并存。这就意味着,"劳动力过剩和劳动力短缺并存"怪象的存在。毕业生找不到工作,企业招聘不到人才,出现供需不匹配的问题。随着信息化时代的到来,企业对于高技术技能型人才的需求愈发强烈,但高校培养的人才没有跟上社会发展的步伐,这就不可避免地造成结构性失业问题。

习近平同志在十九大报告中指出,深化供给侧结构性改革,建设现代化经济体系,必须把发展经济的着力点放在实体经济上,把提高供给体系质量作为主攻方向,显著增强我国经济质量优势。在这一改革背景下,高技能产业等新兴产业,尤其是第三产业的蓬勃发展,为大学生就业提供了更多的机遇和平台。目前工作世界中有超过两万种职业,而且在不断变化发展的社会中,还会不断增加。所以,总有适合你的工作。未来,不仅社会分工更加精细,而且职业种类更加灵活多样,工作形式更加丰富多彩。有经济需求,又想兼顾其他事情可以做兼职工作;喜欢灵活多样和变化的工作环境可以做多重工作;崇尚自由、开放,具备冒险精神可以选择自由职业、自我创业。多样的工作形式,使我们可以自由选择自己喜欢的工作方式，这为个人的发展提供了更多的空间。

（3）创新创业浪潮的冲击和活力。

2014年9月，李克强总理在夏季达沃斯论坛开幕式上提出了"大众创业、万众创新"理念。2016年的《政府工作报告》中，李克强总理提出了"十三五"时期创新驱动发展战略的目标和重大举措，激发民族的创业精神和创新基因。在"双创"时代背景下，大学生这一具备知识和技能的群体蕴含着很高的工作热情和创业潜能，因此大学生创业即将成为新的时尚，这也是大学生实现就业、实现人生价值的重要方式。只有将个人价值实现、职业生涯发展目标与国家发展需求融为一体，才是真正的平凡中见伟大，才能真正实现自我价值。

上至国家政策，下至各个地方政府，"大众创业、万众创新"理念已日益深入人心。随着各地各部门认真贯彻落实，业界学界纷纷响应，各种新产业、新模式、新业态的不断涌现，众创空间的发展，各种"双创"赛事的开展，各项扶持政策的出台，有效激发了更多大学生投身到自主创业的洪流中。例如，湖北省政府发布的《关于做好新形势下就业创业工作的实施意见》，被称为"湖北积极就业创业政策4.0版"，包括"全面落实就业优先战略、全力推进大众创业万众创新、突出做好高校毕业生等重点群体就业工作、提升就业创业服务水平、完善就业创业工作机制"等五个方面二十八条意见。二十八条新政中，直接助推大众创业、万众创新的多达十二条。其中，鼓励大学生在湖北创新创业，毕业三年内大学生创业，可在创业地申请5000元的一次性创业补贴；毕业五年内和在校大学生，在经认定的创业孵化基地创业，可享受每年最高1.8万元的场租水电费补贴；港澳台籍、留学回国和外省籍大学生可同等享受湖北省大学生创业扶持政策。更为有利的是，各种新兴技术尤其是"互联网+"的快速发展，让更多的普通人也有了更多的创新创业机会，这让有梦想、有意愿、有能力的青年有了广阔的平台施展拳脚。

2. 职业发展的微观信息

职业发展的微观信息一般包括两个方面，一是与具体应聘工作相关的岗位信息，二是职业培训、考试信息。岗位信息包括招聘单位的相关情况，如公司的经营范围、管理制度、发展规模、公司的文化氛围等；还包括应聘的具体岗位的相关要求，如应聘的具体岗位的工作性质、工作任务、工作环境、资历要求、工作时间地点、工资待遇、职位发展空间等。要充分了解将来自己求职的岗位信息，所谓不打无准备之战，这对大学生客观分析工作是否适合自己，以及如何做好相应的职业生涯发展规划，提升职业能力，为求职做准备，在面试官面前更好地展现自己的优势，提高求职成功率，将大有裨益。

还有一部分大学生选择通过专业培训、考试来提升学历，提升专业知识和技能，进而为未来职业选择和职业发展做好充分的积淀和铺垫。培训信息包括外语培训、"专升本"考试培训、职业资格考试培训、专业技能培训等；考试信息包括国家机关、地方政府招考公务员的信息，事业单位招考人员信息，各类大专院校、科研院所招生的信息，出国留学考试的信息等。此外，一些职业规划、就业指导方面的书籍以及视频资料是大学生职业发展的有力助手，也属于职业信息的范畴。

【实践应用】

小张的求职故事

小张进入大学后,通过第一学期的职业规划课程,明白了要提早规划自己的职业生涯。于是,他日常便特别留意学校及社会上的求职择业方面的动态,经常去学校招聘场所观摩学习,与老师、学长交流心得,想尽快确立自己的职业发展规划。到了大二学年,就业时间日益逼近,小张对自己未来的职业发展有了更加明确的认识,对未来想要进入的用人单位对求职者的素质要求有了更加深入的了解。于是,求学期间他按照企业要求的员工素质,不断完善自我。大三第一学期,小张先是与学校就业指导中心联系,了解心仪企业的招聘行程安排;同时,与自己经常联系的师兄师姐进行沟通,了解目前这些企业的动向和需求情况;与辅导员交流,结合自身的实际情况,理性地确定自己的应聘目标单位以及具体职位。最终,小张顺利应聘到自己心仪的企业。

【案例分析】

通过小张的求职故事,我们发现,应聘成功不是一朝一夕的功夫,需要我们提前收集职业信息,了解国家政策、行业信息、企业要求等,这样才能有的放矢,掌握就业的主动权。

三、搜集职业信息的方法

在信息化时代,搜集职业信息的方法很多,能够及时、有效、全面地获取信息,保证职业信息质量的方法最为关键。只有高质量的职业信息才能帮助大学生做出科学合理的职业生涯规划。从获取职业信息的途径分类,搜索职业信息主要有以下几种方法。

练习3-5 职业信息哪里有?

班级同学分组进行讨论,各小组在五分钟内,写出搜集本专业职业信息的方法,然后在课堂上进行分享。

(一)从职业分类中了解职业,探索工作世界

在第二章中,大学生从职业兴趣、性格、价值观以及职业能力等方面对自己进行了全面分析,对于自己适合哪种类型的工作已经有了比较明确的认识,比如发现自己最适合从事与人打交道、帮助他人的工作,即已经形成了自己预期的职业发展类型。但与这种类型的工作相符合的具体职业有哪些?下面介绍两种经典的职业分类方法,它们可以帮助大学生快速找到和自己预期职业类型相符合的工作。

1.《中华人民共和国职业分类大典》

《中华人民共和国职业分类大典》是依据《中华人民共和国劳动法》中"国家确定职业

分类,对规定的职业制定职业技能标准,实行职业资格证书制度"编制的,由中国劳动社会保障出版社出版。2015年7月29日,国家职业分类大典修订工作委员会召开全体会议审议、表决通过并颁布了新修订的2015版《中华人民共和国职业分类大典》(以下简称《大典》)。2015版《大典》中,职业分类结构为8个大类、75个中类、434个小类、1481个职业。与1999版相比,维持8个大类不变,增加9个中类、21个小类,减少547个职业(新增347个职业,取消894个职业)。新增职业包括"网络与信息安全管理员""快递员""文化经纪人""动车组制修师""风电机组制造工"等。取消职业包括"收购员""平炉炼钢工""凸版和凹版制版工"等。

(1) 第一大类名称修订为"党的机关、国家机关、群众团体和社会组织、企事业单位负责人";

(2) 第二大类名称为"专业技术人员";

(3) 第三大类名称为"办事人员和有关人员";

(4) 第四大类名称修订为"社会生产服务和生活服务人员";

(5) 第五大类名称修订为"农、林、牧、渔业生产及辅助人员";

(6) 第六大类名称修订为"生产制造及有关人员";

(7) 第七大类名称为"军人";

(8) 第八大类名称为"不便分类的其他从业人员"。

2. 全球最大中文职业信息搜索引擎Jobsoso

Jobsoso是北京北森公司基于全球领先的职业分类信息技术,在国内率先推出的独立职业信息系统搜索门户。它具有客观、简洁、开放等应用特点,而且其信息在不断地更新和丰富,因此是值得信赖的职业信息搜索门户。这一职业信息检索系统包含了1000余种职业,可以分为22大类,具体如图3-1所示。

图3-1 中文搜索引擎Jobsoso

更有意义的是它对每个具体职业进行了非常全面的描述，从职位名称、直属上下级、合作部门、职业描述、工作经验、工作环境、职业前景、薪酬待遇、核心要求等方面为毕业生提供了较为详细的指导，如图 3-2 所示。

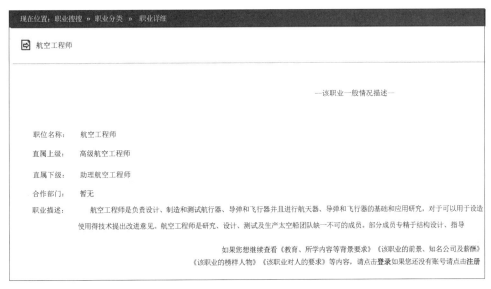

图 3-2　中文搜索引擎 Jobsoso 职业描述

练习 3-6　想一想

结合前文讲述的职业分类方法，想想自己将来想要从事的职业属于哪个大类，具体职位信息有哪些。

(二) 参加各类大型招聘会，通过实习实践进行实地勘察

大学生可以参加招聘会，一般有两种招聘会，一种是面向社会的招聘会，另一种则是只针对应届毕业生的校园招聘会。在校期间，尤其毕业季，可以多参加一些校内外的招聘会，尤其是校园招聘会。这类招聘会一般是学校、社会、企业三方协商，专门为本校学生举办的，因此针对性强、职业信息真实详细，大学生足不出户就可以获得职业信息。另外，社会上的招聘会大学生也可以多去走走看看，全国县级以上的地方都有国家设置的人才服务机构，如各级人才交流中心、人才服务中心、各类劳务市场等，定期或不定期都会举办各种类型的招聘会。通过参加招聘会，亲身体验，了解企业的招聘需求，掌握行业发展状况，以便为早期的职业规划以及未来的求职就业做好充分的准备。

另外一种亲身体验的方式即是参加企业实习实践，如假期打工、专业顶岗实习、事业单位实习等。通过与企业的近距离接触，既可以对自己的职业认知进行实地检验，也可以更直接地了解用人单位的实际状况、用人需求等，这样获得的职业信息更为真实有效，更接近社会真实需求，缺点是消耗的时间和精力较多，机会也比较难得。

(三) 关注各类媒体、网络平台扩展信息

随着互联网的普及和发展,大学生已经成为网络世界的长住居民。因此,在了解职业信息方面,互联网的作用也是显而易见的。足不出户冲浪网上,世界信息近在眼前。日常多关注各类正规就业网站、媒体平台,以及一些求职就业门户网站、相关行业网站或论坛,寻求正确、有效的职业信息,帮助自己更好地了解工作世界。

(四) 挖掘人脉资源,助力就业实现

所谓人脉资源,即大学生所拥有的各类社会关系,包括自己及家庭的人际关系网络,如自己的同学、朋友、老师、学长,以及亲戚、父母的朋友同事等一切认识的人,都是可以挖掘的就业资源。所以,在校期间需要不断维系良好的人际关系,及时与亲朋好友联系,争取更多的支持和帮助。通过他们得到的各类职业信息,一般质量还是比较可靠和准确的。

这里需要强调两类人,一是你身边的老师,二是你的学长。这两类人对于你的职业生涯规划影响重大,需要和他们多进行交流学习。老师包括专业课老师和辅导员,他们对于专业的了解和发展以及学校历年的就业情况了解得非常清楚。另外一个对自己了解工作世界、获取职业信息具有重要意义的人是你的学长、历届校友,他们对于专业学习以及专业在社会上的发展情况、相关企业的实际需求等有更加切实的认知,因此多和他们进行沟通无疑会受益匪浅。

(五) 生涯人物访谈,收集职业生涯决策信息

生涯人物访谈对比上述职业信息搜集方式,在效率和真实性上更为合理。生涯人物首先是从自己感兴趣的职业的从业人员中选择,既可以是本职岗位的优秀工作者,也可以是在工作岗位上默默奉献的人,同时这些人物需要在工作岗位上工作三年以上。为了避免生涯人物个人对职业理解的片面性,至少需要访谈三人。访谈方式可以是电话采访,也可以是网络交流,最好是进行一对一的面对面交流,这样更加真诚,也能够取得更好的访谈效果。

为了获取生涯人物资源,日常可以多与身边的老师交流,加强与学长的联系,也可以通过其他的人脉资源牵线搭桥,他们是非常愿意为大家建言献策的。所以,在校学习期间,要加强人际交往能力,拓展人际圈子,克服自卑羞怯心理,摒弃等靠要思想,积极采取行动,为自己的职业生涯打好基础。

访谈提问环节至关重要,是访谈的核心之一。访谈前,学生应首先对自己各方面情况有清晰的把握,自己的职业兴趣在哪方面,职业理想是什么,要提前进行总结梳理。其次提前对自己想要提出的问题,想要获取的职业信息进行罗列,列好提纲,这样访谈中可以节省时间,也不至于卡壳陷入尴尬。准备的问题要简明扼要,针对核心关键问题,包括职业的客观事实,如"每天的具体工作内容""该职业的发展趋势""需要什么样的人""薪酬和福利待遇"等,还包括生涯人物对职业的主观感受,如"工作中最满意的和最不喜欢的地方""工作当中的一些感悟"等。时长以一到两个小时为宜。访谈中需要注意自己的言谈举止,访谈后要及时发信息给对方表示感谢。

进行生涯人物访谈时一般提出的问题如下。

(1) 你在大学期间参加（组织）过哪些活动？参加这些活动对自己有哪方面的提升？

(2) 你有没有做过相应的职业生涯规划？如果做了，是从什么时候开始的？

(3) 你做过自我定位吗？应该如何更好地认识自己呢？

(4) 与其他同学相比，你对现在的工作满意吗？与你当初期望的工作有差别吗？

(5) 你认为在校学习期间，哪些知识、能力、技能和软件对你现在的工作有帮助？

(6) 你每天的具体工作内容是什么？

(7) 这个工作岗位的发展趋势如何？

(8) 这份工作对员工有什么要求？

(9) 这个工作岗位的薪资待遇和福利、培训等情况如何？

职业生涯发展规划对每个人而言都是至关重要的，因此需要大学生下足功夫，不放过任何获取职业信息的可行渠道。其他渠道如各类人才中介服务机构、职业咨询公司、行业展览会等，也是可以利用的途径。不管哪种可行渠道，都可以发现其在职业发展中的用武之地。

【实践应用】

李晨浩为了更好地了解工作世界的真实情况，做了多方面的探索。

(1) 李晨浩在职业规划课上认真地听老师的讲解，认真学习工作世界的内容。他首先对认识工作世界有了思想上的重视，认识到探索工作世界、职业信息对自己未来职业发展的重要意义。于是，他做好了探索的计划和安排。

(2) 李晨浩根据课堂上学习的 SWOT 分析法，对自己的社会支持环境，如家庭、学校、社会、职业环境进行了全方位的比较分析。他认为自己家庭和睦，家人支持自己所学的移动通信专业，给自己提供各种学习资源和平台；学校对专业学习要求严格，各种比赛、教学资源也非常有利于自己专业知识和技能的提升；当今社会对移动通信的需求不言而喻，移动通信已经渗透到人们方方面面的生活之中；移动通信职业发展前景也不错，随着中国互联网、人工智能等的崛起，社会分工的细化，这个专业的市场需求还是很大的。通过 SWOT 分析法，李晨浩对自己的专业学习以及未来的职业发展信心满满。

(3) 李晨浩学习之余，通过各种渠道收集本专业相关的职业信息，以便为自己的职业规划和求职就业做好充分的准备。在网络等平台关注、学习社会动向及职业发展信息，通过查询《中华人民共和国职业分类大典》以及全球最大中文职业信息搜索引擎 Jobsoso，了解工作世界职业分类，以及具体的职业信息。他还经常与辅导员、专业课老师以及学校就业指导中心的老师交流想法，老师的指导和点拨对他有很大的启发，让他收获很多。他经常实地观摩并参加一些校内外的招聘会，近距离了解企业需求。他也积极参加校内外组织的各种企业实习实践，自己有意识地寻找校内外实践机会，这对于深入了解企业历史、行业标准、职业发展现状、素质要求有很大的帮助。

(4) 李晨浩所在的学校是一所有六十年办学历史的高校，每年培养的毕业生遍布各个行业，其中也不乏各行各业的精英将才。他们是李晨浩要重点交流的对象，他们的职业经历对他来说是宝贵的参考信息。这些"过来人"，有丰富的实战经验，他们的建议很重要。此外，自己的亲属、朋友的建议也很重要。从这些人处得到的消息比招聘会自己看到的，甚至从老师们那里了解的信息更加详细、真实。他积极参加学院举办的学长交流会，自己也积极与本专业优秀的学长、亲属、朋友保持联系，获得更多职业发展上的指导。

（5）李晨浩通过各种渠道收集职业信息，并通过生涯人物访谈等方式，着重对移动通信方面的人才需求进行了解，提前做好准备。

①李晨浩收集的关于移动通信专业人才需求的相关信息。

过去二十年里，我国移动通信行业经历了三次迭代更新，包括 GSM 网络的大规模建设、TD-SCDMA 自主知识产权的通信协议制定以及 4G 网络的普及。根据工信部发布的《信息通信行业发展规划（2016—2020 年）》：2020 年，第 5 代移动通信启动商用服务，高速、移动、安全、泛在的新一代信息基础设施基本建成。由此可见，当今时代国家对移动通信产业的政策导向，势必会影响移动通信产业未来的发展走向。因此，我们需要预测和利用这种发展动态，在自身的职业发展方向上进行综合分析。未来第 5 代（5th Generation，5G）是移动通信行业发展的新趋势，这一新兴热点也必然会成为未来移动通信产业重点建设的项目。

移动通信产业包括移动通信网络和移动通信设备终端两大方向。而移动通信专业的岗位需求主要面向移动通信网络。普遍来看，移动通信网络相关的岗位包括：移动通信网络设备研发，移动通信基站站点勘察、设计、建设施工、施工督导、无线网络优化和移动通信基站设备运行与维护、移动通信网络运营等。根据前瞻产业研究院《2018—2023 年中国专网通信行业发展前景预测与投资战略规划分析报告》对未来 5G 建设投资测算：预计未来 5G 宏基站量将是 4G 的 1.25 倍，约为 450 万个。因此，未来在移动通信网络建设过程中，移动通信基站建设数量庞大，相应的未来基站建设相关的工作岗位亦有很大需求量。

此外，行业发展趋势也很重要。在基站设备维护方面，随着智能化设备监控逐渐应用，替代了很多以前需要人工完成的工作。因此，相关工作岗位并未随着基站规模增大而增加；而在无线网络优化工作方面，随着不同制式相互融合，未来高频段、毫米波通信的应用，将使移动通信信号覆盖变得更加复杂，相关的岗位需求量必将成倍增长。同时，2G、3G、4G 以及 5G 通信制式对同一岗位会提出不同的岗位素质要求。因此，为了充分适应未来移动通信网络建设这一岗位需求变化，在大学专业学习以及实践过程中，应该对专业学习重点、方向进行相应调整，掌握符合职业发展需求的知识和技能。毕竟移动通信网络本身也是更新换代快、多种网络制式并存的，不同网络制式在不同建设阶段对岗位的需求也具有很大差异性。所以，适应不断发展变化的工作世界是不变的道理。

②李晨浩通过辅导员介绍，认识了在某移动通信公司上班的学长，他想对学长进行一次深入的职业生涯人物访谈。在电话里和学长约好时间，并对此次访谈的目的进行了简单说明。以下是主要访谈内容。

李晨浩（以下简称李）：您好，学长。很高兴您能抽出时间接受我的访谈。我也是移动通信专业的，这个之前跟您提起过。所以，出于对未来职业发展的考虑，今天想对这一专业领域的职业发展向您请教一些问题。

学长：不用这么客气，咱们都是一个学校的。很愿意和你交流这个行业的情况，有什么问题你尽管问。

李：好的，谢谢。根据您毕业以来的工作实践，您觉得移动通信未来的职业发展前景怎么样？

学长：这个专业的前景是很不错的。你应该通过网络等途径也了解了一些。我在企业已经亲身感受到了。每天工作比较忙碌，工作量比较大，要完成的项目接踵而至。中国人口庞大，大部分地区的人口密度比较高，所以对通信的需求量非常大。如今移动通信行业发展迅猛，而且人们对通信质量要求越来越高，通信系统将不断升级。随着各种线上线下服务加快融合，移动互联网业务创新拓展，将带动移动支付、移动出行、移动视频直播、餐饮外卖等应用加快普及，刺激移动互联网接入流量消费保持高速增长。由于移动通信基站担负网络的运行任务，其布网模式、覆盖程度、密度和技术效果直接影响通信、数据服务质量，所以必须部署更多的基站，提高建站密度。以上这些都是行业未来发展的大好机遇。

李：听老师说，您从事移动通信工作已经六年了，而且多次被单位评为优秀员工。那您觉得要想成为像您这样的优秀员工，需要具备什么样的素质和能力呢？

学长：我觉得作为专业要求比较强的职业，首先，我们必须具备过硬的专业知识和技能，所以在校期间要在专业学习上多下功夫。另外就是一些对素质的重要要求，比如要有认真踏实的工作作风，不能胡乱应付差事。我就碰到过因为做事敷衍了事结果出了大问题而被开除的工作人员。还有就是团队合作精神，我们的很多工作需要和同事协同完成，因此，学会和别人合作很重要。

李：谢谢您的指点，我以后会在这些方面多多加强。还有一个很重要的问题想请教您，您最初的职业梦想是什么？您是怎么规划的？

学长：其实最初我是想做移动应用产品经理的。因为根据了解到的情况，随着智能手机功能日趋强大，我觉得这个职业人才稀缺，薪酬较高。但后来在实际工作中我发现，移动通信工程师掌握着手机通信的各项技术，发展前景很好。而且，掌握技术技能什么时候都不会被淘汰。因此，我就在现在这个职业上不断努力。

李：确实如此，我也很矛盾。现在行业分工特别细，所以有时不知道该如何定位自己。害怕自己选的职业一时火热，过一段时间又失去竞争优势，对此您有什么好的建议吗？

学长：大学阶段出现一些困惑、迷茫是很正常的。现如今随着社会经济的快速发展，行业分工细化，每种职业的要求和发展前途也截然不同，有可能和预期产生较大差距。所以要做好以不变应万变的心理准备。首先要做好自己，掌握真正的技术和能力，给自己加分打气。移动通信行业是社会发展不可或缺的，而且随着社会不断向前发展，行业产业也要更新换代，不断升级，目前的发展情况是需求数量和质量都在提升，所以未来会在质量和速度上提出更高的要求和挑战。而且，想要做好一行，还需要了解甚至精通各行各业的知识，这也是做好移动通信行业面临的新任务和新机遇。提前做好全面发展自我的预判和准备，使自己成为行业的"精专强"人才，面对风云变幻，任何时候心里都有底气。

李：学长，非常感谢您今天对我的指导，让我对移动通信行业又有了更为切实的了解。

学长：不用客气，以后有什么问题，尽管联系我。我也非常愿意和学弟学妹交流，这是很开心的事情。只要你不放弃努力，未来在职业发展道路上，就会闯出自己的一片天地！

通过前面一系列的职业信息探索，李晨浩对未来移动通信的职业发展充满信心，也明白了挑战和机遇并存。和学长的访谈给他了一些重要启发，未来走入社会无论从事什么样的工作，都需要综合型的人才。除了过硬的专业知识，像前面我们学到的可迁移技能和自我管理技能也是非常重要的，只有同步发展，才能在未来职业发展道路上披荆斩棘。

【思考解答】

现如今，高学历求职者比比皆是。作为一名高职学生，我要不要"专升本"提高学历，增加就业优势？

答：确实，现在高学历求职者很多，专科生在应聘求职时，会感到羞愧，觉得自己光看学历就已经被淘汰了。高学历有时确实能起到就业"敲门砖"的作用，但要不要提升学历，也不是一刀切的问题，还要根据自身实际情况来分析，不要盲目跟风。有些学生看宿舍或班级同学都报考"专升本"了，自己也不太想早早就业，就想报个"专升本"试试。抱着这样的心态，结果不光浪费金钱和时间，还会打击自信心。所以，需要看自己的学习能力和态度，是否愿意继续学习，是否有毅力坚持完成学业。如果可以，继续提高学历不是坏事。如果平时就对学习不感兴趣，还是不要做此打算，积极就业才是上策。

用人单位需要的工作人员是多层次的，很多用人单位来高职院校招聘就是需要专科层次的人才，只要我们认真踏实肯干，也可以一步一个脚印发展自己。况且，有些专科生在专业知识和技能上并不输于本科生，甚至研究生。在一些国家技能大赛中，与他们同台竞技，也取得了令人刮目相看的成绩，在大赛现场就直接被"抢购一空"。本科生和研究生有的空有学历，但没有真正掌握知识和技能，一样会出现就业难的现象。所以，自己"吃不吃香"，还要看自己的本事。只要自己具有真才实学，品行端正，老师会推荐你，企业也会挖掘你，是金子总会发光。无论外界环境怎么恶劣，首先要关注自我，提升自我，这才是"万能解药"。

【课后作业】

（1）访谈2~3名参加工作三年以上的师兄或师姐，与他们谈谈职业发展的酸甜苦辣。完成如下内容。

生涯人物访谈总结

①访谈时间：

②访谈地点：

③访谈对象：

④访谈对象具体任职单位及职位：

⑤具体访谈问题：

⑥访谈体会：

（2）运用本章所学工作世界探索方法，了解自己未来想从事职业各方面的信息，并形成一份调查报告。报告内容包括想从事的职业是什么，通过什么途径了解了哪些职业发展相关信息。

第四章　职业生涯决策与行动

【本章要点】

选择职业是人生大事，因为职业决定了一个人的未来，所以，选择职业就是选择将来的自己。在选择职业中需要综合对自我的认知和对工作世界的认知，并进行整合，这样才能形成良好的决策。通过本章内容的学习，学生能够了解职业生涯决策及其影响因素，掌握科学决策方法，从而做出自己的职业生涯决策；学生能够了解职业生涯发展规划的设计、实施、管理等内容，设计出自己的职业生涯发展规划书。

【案例导入】

2018年夏天，2008级数控技术专业三班的同学们陆续回到母校，参加毕业聚会。在会议室里，昔日的老师、同窗欢聚在一起，同学们高兴地讲述着自己这几年来的经历，很多人激动得流下眼泪，他们中有的成为单位的技术骨干，有的成为技术能手，有的成为厂长助理，有的成为办公室主任，有的自己经商做老板，有的成家立业后做全职妈妈，有的毕业后继续求学深造，硕士毕业做了教师……，老师看着昔日稚嫩的学生们，如今各自讲述自己种种神话般的见闻和成就，惊叹道："你们有这么多丰富的见闻呀，我简直连想都不敢想啊！""您知道吗？"有个学生说，"其实这几年我们经过的历程大体是相等的。当我在企业里上班钻研技术、精进手艺时，他们也在不停地努力经商赚钱、学习更高深的知识、操持家务、处理厂里的业务等等，所有人一步都没停止过。不同的是，我们都有自己的目标，可能是各自的目标不同吧，所以我们看到了一个个不同的世界，见闻和结果也就不同了。老师您不是也挺好的，听说您发展得也很好，评上了教授，真了不起！"

我们看到，同样的课程和教育模式，同样的基础和背景，也同样经历过忙碌的大学生活，毕业后却千差万别。有的深受各种单位的欢迎成为技术骨干，有的成为经理，有的成为全职妈妈。为什么呢？有人将之归为天赋，有人将之归为机遇，其实最根本的原因在于明确且不同的目标，选择自己合适的发展方向。一个清晰的、切合自身实际的个人发展规划非常重要。《礼记·中庸》中有"凡事豫则立，不豫则废。言前定，则不跲；事前定，则不困；行前定，则不疚；道前定，则不穷。"豫，亦作"预"，说得是很有道理。

【理论讲解】

第一节 职业生涯决策

随着社会的发展,在职业生涯发展过程中,大学生会面临多重抉择的境地,这时就需要个人做出选择一个职业而放弃另一个乃至多个职业的决策。决策在生活中起着非常重要的作用,它体现在我们的职业生涯发展中,即为职业生涯决策。

一、科学决策理论

大学生在学习、生活、工作实习中,问题无处不在,解决问题就是考验大学生做决定的智慧。在适当的时机做适当的决定,是在考验大学生逻辑分析和难舍能舍等方面的能力。

(一) 做决定的本质

我们的决定,决定了我们,一个人是其所有决定的综合。决定的为难之处是"不确定性"与"难舍"。未来存在诸多难以掌握的变量,大学生的生涯不确定性是"对个人的不确定性,对环境的不确定性";难舍的复杂是因为涉及做决定时所考虑因素的"轻重"和"概率"。做决定的难舍与不确定性使在大学生在做决定的过程中充满了压力感和无助感。

决定的要素是"轻重"和"概率",任何做决定的过程就是一种"轻重"和"概率"的"加"与"乘"的考虑。"轻重"是选择因素的轻重,"轻重"与"难舍"有关。舍与得是相对的,背后关系着对某些选择的考虑,轻重的权衡使个体必须舍"轻"就"重",在时间压力下,轻重会发生一些变化。"概率"是选择项目的"概率","概率"与"不确定性"有关,不确定是一种笼统的感觉,涉及对选择项目是否能达成选择因素之要求的一种心理期待,这种期待的量化就是概率。概率充满许多变量,是造成做决定时不确定感的主要原因。个体的外界环境和内在心理环境都是不断变化的。决定的复杂在于其影响因素的纷繁复杂,使人"剪不断,理还乱"。

决策是为了实现一定目标,采用一定的科学方法和手段,从两个以上的方案中选择一个满意方案的分析判断过程。它建立在决策者对自身和周边环境分析的基础上,确定行动目标,并对实现目标的若干可行性方案进行比较和选择,最终确认一个最为优化合理的方案的分析决断过程。

(二) 职业生涯决策的内涵

职业生涯决策这一概念是由乔普森等人在 1974 年提出的,他们认为职业决策是一个复杂的认知过程。通过此过程,决策者组织有关自我和职业环境的信息,仔细考虑各种可供选择职业的前景,从而做出职业行为的公开承诺。

职业生涯决策是对所要从事的职业进行选择的行为。你有什么样的选择,也就有什么样的人生。职业生涯决策是一个人选择职业目标或具体的职业岗位时,对可能的结果做出价值判断的过程。因为这一价值判断涉及个人的人生价值观、职业价值观,以及性格、兴趣、能力等个人因素和职业需求、职业发展等社会职业环境因素,每个人对某一职业的价值判断是不同的,因此,职业生涯决策的内容因人而异,它只能是个人在职业选择中权衡利弊、寻求达成最大价值的方法。所有的道路,不是别人给的,而是自己选择的结果。

职业生涯决策强调对自己的认识,包括对自身的能力、兴趣、价值观以及技能的认识,同时也强调对外部环境的分析与判断,据此有效指导后续的职业生涯发展规划活动。在进行重大决策时,为了降低风险,尽可能充分地考虑决策所涉及的多方面因素,我们推荐使用 CASVE 循环分析法。它由沟通(Communication)、分析(Analysis)、综合(Synthesis)、评估(Valuing)和执行(Execution)五个步骤组成,如图 4-1 所示。该方法可以在整个职业生涯问题解决和决策制定过程中使用,决策者需要根据影响因素的变化,适当调整自己的决策结果。

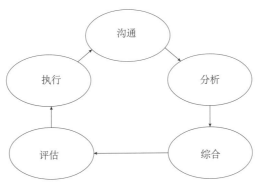

图 4-1 CASVE 循环分析法示意

1. 沟通(识别问题的存在)

个人意识到职业理想与现实之间存在的差距,让我们识别问题的存在,这一步是决策的开始。问题通过内部、外部沟通传递过来,内部沟通包括情绪信号如不满、厌烦、焦虑或失望,身体信号如昏昏欲睡、头疼、胃部疾病等;外部沟通包括父母对我们职业规划的询问,同事、朋友、老师对自己职业选择过程的评价,或是社会媒体对某个专业未来发展的预测等。这是意识到自己需要做出选择的阶段,在沟通阶段,我们通过各种感官充分接触问题,发觉差距的存在,并开始重视。

2. 分析(考虑各种可能性)

我们需要将问题的各个组成部分相互联系起来,对现状进行评估,了解自己和自己可能的选择,对所有的信息进行分析,考虑各种可能性。然后,我们需要花费时间来思考、观察、研究,从而更充分地了解差距,了解自己有效地做出反应的能力。分析要解决这个问题需要了解自己的哪些方面,了解环境的哪些因素,需要做些什么等,产生这种感觉的原因以及家庭、老师、朋友将会如何看待我的选择等。在分析阶段,生涯决策者应尽可能了解造成问题的原因。分析阶段还需要把各种因素和相关知识联系起来,例如,把自我知识和职业选择联系起来,把家庭需求和个人生活需求融入职业选择。

3. 综合（形成选项）

综合阶段主要是全面处理上一阶段提供的信息，从而制定消除差距、解决问题的行动方案。其核心任务是确定我可以做什么来解决问题。这是一个可以扩大或缩小选择清单的过程。首先，尽可能多地找到消除差距的方法和方案，发散性地思考每种办法，可以采用"头脑风暴"产生创造性思维。然后，缩减有效方法和方案的数量，通常缩减到 3~5 个选项，因为这是我们头脑中最有效的记忆和工作容量。

4. 评估（对选项排列次序）

评估阶段主要是从可行性和满意度两个方面来评估信息，并按评估结果对所有选择进行排列，最终选择一个职业、工作或相关专业技能。

第一步是评估每种选择对生涯决策者和他人的影响。例如，如果选择了自主创业，这一选择将会给自己、父母、朋友以及周围的人带来怎样的影响，每种选择都要从自己和对他人的坏处和益处两个方面进行评估，并综合物质与精神方面的因素。第二步是对综合阶段得出的选项进行排序。能够最好地消除差距的选项排在第一位，以此类推。此时，职业生涯决策者会选择一个最佳选项，并且做出承诺来实施这一选择。

5. 执行（采取行动解决问题）

这是实施选择的阶段，根据自己最终的选择制订计划，把思考转化为行动。很多人觉得在执行阶段制订行动计划是令人兴奋和有价值的事情，因为终于可以开始采取积极行动解决问题了。

CASVE 循环是一个不断重复的过程，在执行阶段之后，生涯决策者又回到沟通阶段，确定已经做出的选择是不是最好的，是否能最有效地消除理想与现实之间的差距。

（三）职业生涯决策的风格

决策风格是指生涯决策者在进行职业生涯决策过程中倾向的决策策略，属于决策者的主观性影响因素。在相同条件下，决策者的不同决策策略倾向将对结果产生很大的影响。因此，明确生涯决策风格将对决策者的职业生涯决策过程有一定的指导作用。

美国职业生涯专家斯科特（Scott）和布鲁斯（Bruce）于 1995 年提出，决策风格是在后天的学习经验中逐渐形成的，他们将决策风格划分为五种类型：理智型、直觉型、依赖型、回避型和自发型。

1. 理智型

以周全的探求、对选择的逻辑性评估为特征。理智型的决策者具备深思熟虑、分析、逻辑的特性。这类决策者会评估决策的长期效用并以事实为基础做出决策。理智型决策风格是比较受到推崇的决策方式，强调综合全面的收集信息、理智的思考和冷静的分析判断，是其他决策风格的个体需要培养的一种良好的思考习惯。但理智型的决策风格也并不是理想的、完美的决策方式，即使采用系统的、逻辑的方式，也会出现因为害怕承担决策的后果而不能整合自己和重要他人观点的困扰。

2. 直觉型

以依赖直觉和感觉为特征，比较关注内心的感受。直觉型的决策风格以自我判断为导向，在信息有限时能够快速做出决策。当发现错误时能迅速改变决策。由于以个人直觉而不是理性分析为基础，这类决策发生错误的可能性较大，因此，易造成决策不确定性，容易丧失对直觉型决策者的信心。

3. 依赖型

以寻求他人的指导和建议为特征。依赖型的决策者往往不能够承担自己做决策的责任，允许他人参与决策并共同分享决策成果，会受到他人的正面评价，但也可能因为简单地模仿他人的行为导致负面的反应。依赖型的决策者需要理解生活中重要他人对自己的影响程度。

4. 回避型

以试图回避做出决策为特征。回避型的决策风格是种拖延、不果断的方式，面对决策问题会产生焦虑的决策者，经常因为害怕做出错误决策而采取这样的反应。这是由于决策者不能承担做决策的责任，而倾向于不考虑未来的方向，不去做准备，不知道自己的目标，也不思考，更不寻求帮助。这样的决策者更容易受到学校等支持系统的忽略。所以，这些学生需要意识到自身的决策风格及其可能造成的危害，努力调整，增强职业生涯规划的意识和动机，只有这样才能从根本上得到帮助。

5. 自发型

以渴望即刻、尽快完成决策为特征。自发型的个体往往不能容忍决策的不确定性以及由此带来的焦虑情绪，是一种具有强烈即时性，并对快速做决策的过程有兴趣的决策风格。自发型决策者常会基于一时的冲动，在缺乏深思熟虑的情况下做出决策，此类决策者通常会给人果断或过于冲动的感觉。

二、职业生涯决策的影响因素

职业生涯决策在大学生职业选择和人生发展中起着重要的作用。影响职业生涯决策的主要因素分为内在因素和外在因素，内部、外部因素在一定层面上综合作用，影响决策者的生涯决策结果。

（一）影响职业生涯决策的内在因素

内在因素是指与决策者自身有直接关系的主观性因素，包括以下三个方面。

1. 心理特征因素

个人对自我评估、职业评估和环境评估的内容及结果直接影响职业决策。其中，自我评估主要是对个体心理特征的评估，起着决策的定向作用。个体的心理特征是一种稳定的特性和倾向，包括兴趣、能力、价值观和性格等。

2. 个人背景因素

职业生涯决策的发展和形成是一个漫长的过程，从特殊事件和经验的角度来说，每个人的人生都是独一无二的,个人所经历的生涯事件会对职业决策产生影响,这体现在不同性别、年龄和教育背景等方面。

3. 进行决策时的即时状态

要做出有效的职业生涯决策,我们就必须保证在决策过程中身体、情绪和精神都处在最佳状态。在决策过程中会面临诸多障碍,这些障碍会影响即时决策。

(二)影响职业生涯决策的外在因素

外在因素是指对决策者的决策行为产生间接影响的客观环境,主要包括家庭环境因素和社会环境因素两个方面。

1. 家庭和成长环境因素

无论是年轻人还是老年人,家庭成员以及与其关系重要的人,都会干扰有效决策的形成。对于大学生而言,影响可能来自家长。每个人的成长环境对职业生涯发展都有影响。首先,教育方式的不同,造成他们认知世界的方式不同;父母的职业是学生最早观察模仿的对象,学生必然会得到父母职业技能的熏陶;其次,父母的价值观、态度、行为、人际关系等对个人的职业选择起到直接或间接的深刻影响。同时,朋友、同龄群体的职业价值观、职业态度、行为特点等也影响职业生涯决策的形成。

2. 社会环境因素

社会中流行的工作价值观、政治经济形势、产业结构的变动等因素,无疑会在个人职业生涯决策上留下深刻的烙印。不同的社会环境给予个人的职业信息是不同的。宏观上,社会的、经济的、历史的和文化的力量都能够影响个人有效决策的制定。职业生涯决策是大学毕业生必须面对的人生的关键一步。拥有一个好的职业,能够充分发挥自己的聪明才智,成就一番事业。面对影响大学生职业生涯决策的各个因素,大学生必须掌握有效的职业生涯决策方法,这样才能做出合理的职业选择。

三、做出决策

职业生涯决策是一个持续的过程,也是职业生涯发展规划的中间环节。它是在决策者自我认识和职业认知的基础上,通过决策环节为职业生涯发展规划找到职业方向和目标,进而完成详细的、长期的发展规划。职业生涯决策主要经历决策准备阶段和决策选择阶段。

(一)职业生涯决策准备阶段

在职业生涯决策准备阶段,应考虑三个问题,即自己的能力、机会、价值,通过回答"我能够做什么""我可以做什么"和"我想要做什么"三个问题厘清自己的思路。

1. 我能够做什么

明确自己的能力取向,即通过对自身兴趣、性格、技能等内部特征的分析,明确自己的能力特征,知道自己喜欢什么、适合什么、重视什么、能做什么。一方面,可以取长补短,通过再学习弥补不足；另一方面，回答好"我能够做什么"这个问题，可以在生涯决策中扬长避短，尽量发挥自己的优势。

2. 我可以做什么

明确自己的机会取向，即通过对现有的社会经济、技术、政策等外部工作环境信息的搜集和分析，明确职业发展的机会、挑战以及在未来的生涯发展过程中可能受到哪些外部因素的影响。我可以做什么，对这个问题的确定可能直接影响生涯决策者未来职业生涯发展的可行性。

（1）有关职业的基本事实。很多专业和技能是可以变通的，同一个专业可以从事多种职业，比如机械设计专业的毕业生可以从事售前工程师等与人沟通的工作，也可以做研发、设计等与概念相关的工作。因此，我们在了解工作信息时，也应该关注那些和自己专业相关的职业，学习专业知识的目的是帮助我们更好地发展自己，而不是限制我们的发展。

（2）宏观职业环境。宏观职业环境包括劳动力供求关系、各地区各行业的需求分布、职业生涯的理念等内容。宏观职业环境的实时性很强，因此，我们在应用这些信息时应注意它的时效性。

（3）与具体工作相关的信息。在了解宏观环境的过程中，我们需要更加细致地掌握一些信息，通常包括：公司的文化和规范；工作内容和职责；工作要求的知识、技能和素质；工作要求的资历和资格；工作时间、地点和环境；发展的空间；薪酬待遇和福利；如果要去应聘，还需要了解公司的招聘文化。

（4）继续教育和学习方面。在知识经济时代，继续教育和学习几乎成为每个人生涯发展中的必然内容。一般而言，继续教育和学习的可能途径包括：参加"专升本"考试、报考在职研究生、出国留学和参加专业技能培训等。我们应当根据自己的实际情况选择相适应的继续教育和学习途径，为未来的发展打下基础。

3. 我想要做什么

明确自己的价值取向，即通过对自己的价值观念、理想、成就动机等因素的分析，确定自己的目标取向。我想要做什么，一般指能够使决策者实现某个价值和社会价值的最理想的职业生涯目标，这个问题的确定可能直接影响职业生涯决策者对未来职业生涯发展的满意度。

（二）职业生涯决策选择阶段

职业生涯决策选择，对于大学毕业生来说，不仅决定其今后将从事什么工作，而且在很大程度上决定其以后的生活；对于社会来说，它意味着社会资源的合理配置和利用，关系到社会运转的效率和教育事业的成败，因此，掌握职业选择的策略尤为重要。

1. 确定可能的职业生涯目标

在决策准备阶段搜集相关信息的基础上，大学生要综合考虑内部、外部条件，确定可能的职业生涯目标，在工作世界探索和分析环节以及自我探索过程中，一定会有适合的职业出现。也可以采用"头脑风暴"的方法列出自己心目中的理想职业。在所列职业清单的基础上，分析这些职业的共同点，对职业清单进行补充和修改，最终确定可能的职业生涯目标。如果在此过程中抛开固有的想法，采取积极客观的心态，就容易获得有效的信息。研究表明，在做决策时信息太多容易让人迷失，反而拿不定主意；而信息过少又无法起到让当事人了解客观事实的作用。因此，在形成可能的职业生涯目标时，职业清单上的备选目标以 3～5 个为宜。

2. 在多个职业生涯目标中进行选择

大学生首先根据决策风格分析了解自己的决策模式，明确自己决策风格中的不足，避免接下来进行生涯目标决策时出现同样的错误。然后，运用生涯决策的基本方法（CASVE 循环法）、决策平衡单、决策平衡轮等，在可能的职业生涯目标中进行选择。

第二节 职业生涯发展行动

千里之行，始于足下。只有把握现在，规划未来，才能做到未雨绸缪，开拓理想的人生。大学生在确定职业生涯目标后，需要根据各阶段的目标要求，制定一系列相应的、可行的、有效的行动措施，并且坚定信念，认真落实各项措施。只有这样，才能实现各自的职业生涯目标，才能走向成功。

一、大学生职业生涯发展规划设计

职业生涯发展规划的过程是个体探索自我、探索外部世界、科学决策、执行反馈的过程，应该遵循"SMART - PCD"原则，具体的步骤包括：觉知与承诺、自我评估与悦纳、认识工作世界和环境评估、选择目标和路径、行动、评估与修正，如图 4-2 所示。

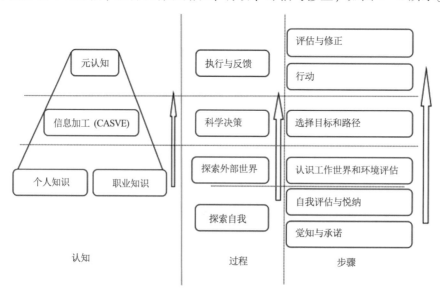

图 4-2　职业生涯发展规划示意

在认知模块部分中，最高层是称为元认知的执行领域，是个人对自己认知过程及结果的知识、体验、调节、控制，它包括自我言语、自我觉察、控制与监督。中间层是决策技能领域，即通用信息加工技能的五个步骤，包含进行良好决策的沟通、分析、综合、评估和执行，构成决策的循环。最底层是知识领域，包含个人知识和职业知识。个人知识包括了解自己的价值观、性格、兴趣和技能，职业知识就是外部工作世界。

（一）职业生涯规划的内容

在综合考虑上述因素的基础上，职业生涯规划一般通过自我评估、环境评估、选择目标与路径、实施策略、评估与反馈五个步骤来完成。

1. 自我评估

一个有效的职业生涯设计必须在充分并且正确认识自身条件与相关环境的基础上进行。要审视自己、认识自己、了解自己，做好自我评估，包括自己的兴趣、特长、性格、技能、价值观、个人目标与需求、个人生理与健康状况、工作经验、社会阶层、性别、年龄负担状况、学识、智商、情商、思维方式等。即要明确我想干什么、我能干什么、我应该干什么、在众多的职业面前我会选择什么等问题。

2. 环境评估

职业生涯规划还要充分认识和了解与职业相关的环境，评估环境因素对自己职业生涯发展的影响，分析环境条件的特点、发展变化情况，把握环境因素的优势与限制。了解本专业和本行业的地位、形势以及发展趋势。例如社会的需求、企业与组织的需求、家庭的期望、技术的发展、经济的兴衰、政策法规的影响等。

3. 选择目标与路径

选择目标与路径就是确立目标和职业定位。确立目标是制定职业生涯规划的关键，通常目标有短期目标、中期目标、长期目标和人生目标之分。长远目标需要个人经过长期艰苦努力、不懈奋斗才有可能实现，确立长远目标时要立足现实、慎重选择、全面考虑，使之既有现实性又有前瞻性。短期目标更具体，对人的影响也更直接，是长远目标的组成部分。职业定位是要为职业目标与自己的潜能以及主客观条件谋求最佳匹配。良好的职业定位是以自己的最佳才能、最优性格、最大兴趣、最有利的环境等信息为依据的，要考虑性格与职业的匹配、兴趣与职业的匹配、特长与职业的匹配、专业与职业的匹配等。应注意，依据客观现实，考虑个人与社会、单位的关系；比较职业的条件、要求、性质与自身条件的匹配情况，选择条件更合适、更符合自己特长、更感兴趣、经过努力能很快胜任、有发展前途的职业；扬长避短，看主要方面，不要追求十全十美的职业；审时度势，及时调整，要根据情况的变化及时调整择业目标，不能固执己见、一成不变。

4. 实施策略

制定实现职业生涯目标的行动方案，要有具体的行为措施来保证。没有行动，职业目标只能是一种梦想。要制定周详的行动方案，并落实这一行动方案。

5. 评估与反馈

整个职业生涯规划要在实施中去检验，看效果如何，及时诊断生涯规划各个环节出现的问题，找出相应对策，对规划进行调整与完善。

（二）职业生涯规划的方法

1. 职业咨询预测法

在一些国家，大学、高中都有专门的机构，对大学生和高中生的职业前途进行预测，以此为根据对他们的择业方向提供一些建设性的建议。在我国，这样的专门机构也逐渐建立起来了，但在学校中还是比较少见的，一般是一些社会性的机构。这些机构的主要测评工具有能力倾向测验、职业兴趣测验（《斯特朗兴趣量表》《霍兰德职业兴趣量表》《自我定向测查表》）。职业兴趣测验可以帮助个人明确自己喜欢在什么样的环境中工作。此外，还有人格测验、价值问卷、生涯成熟问卷等。

2. 思考圈法

思考圈法是中国一些高校进行职业生涯规划时常用的一种理论方法。该理论以循环思考来表示生涯规划，是六个要素之间的往返循环过程，如图 4-3 所示。

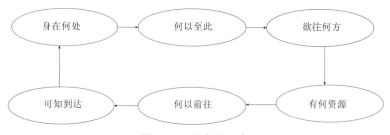

图 4-3 思考圈示意

（1）"身在何处"，即了解目前情况、存在的差距，这是解决问题开始时需要的信息。

（2）"何以至此"，即分析原因。这些原因可能是客观方面的，如就业形势、经济、政治、社会发展状况等，也可能是主观方面的，如就业观念、领导重视、政策支持等。

（3）"欲往何方"，即找出最优选择并做出临时选择，选择可能性最大的情况，思考并明确自己的职业目标是什么。

（4）"有何资源"，即精心搜索和综合选择。查看各种资源以发现尽可能多的有利资源，并把与目标一致的有效资源进行整合。

（5）"何以前往"，即设计一项计划来实施某一临时选择，包括学校学习计划或学校就业指导措施、计划、内容等。

（6）"可知到达"，即通过结果、结论与选择、目标比较，分析和检验与目标的差距，总结经验为下一循环打好基础。

3. 职业生涯愿景法

职业生涯愿景是个人在职业实践过程中经过一段时间的探索，经过与外界互动逐渐沉淀下来的理想职业目标，是目标职业的期望情景的总和。职业生涯愿景应当包含很多内容，这些内容对于个人的职业目标是全面且细致的描述，包含目标职位、领导风格、价值观、个人性格、知识技能、行业领域、规模、职位胜任素质、控制幅度等，其中价值观、个人性格、知识技能等最为重要，是构成个人职业生涯愿景的核心部分。职业生涯愿景是每个人经过职业的发展实现职业目标的梦想。每个人都有长处和不足，其长处和不足都是在同外界环境的相互作用中确定的。只有尽可能地发挥长处、善用长处、弥补不足，使个人在机会的把握、兴趣的导航、技能的增长、性向的管理接近并重合于职业生涯愿景时，职业目标才能得以实现。

（三）职业生涯规划应注意的问题

1. 根据社会需求设计职业生涯

选择职业作为一种社会活动必定会受到一定的社会制约，任何人选择职业的自由都是相对的，如果择业脱离社会需要，将很难被社会接纳。大学生选择职业要实现社会与个人利益的统一，社会需要与个人愿望的有机结合，个人职业目标和社会发展需要、国家战略布局相适应，这样才有机会实现自己的职业目标。所以，大学生在进行职业生涯设计时，应积极把握人才需求的动向，把社会需要作为出发点和归宿。大学生要以社会对个人的要求为准绳，既要看到眼前的利益，又要考虑长远的发展；既要考虑个人的因素，也要自觉服从社会需要。

2. 根据所学专业设计职业生涯

每个大学生都有自己的专业，每个专业都有一定的培养目标和就业方向，经过一定的专业训练，具有特定的专业知识和技能，具有一定的优势，这就是大学生职业生涯设计的基本依据。用人单位选择毕业生，首先依据的是毕业生某些专业方面的特长。大学生进入社会后，主要运用所学的专业知识来实现职业理想。如果职业生涯设计脱离了所学专业，就在无形当中给自己增加了许多"补课"负担。大学生对所学的专业知识不仅要精深，而且要广博，除了要掌握宽厚的基础知识和精深的专业知识，还要拓宽专业知识面，掌握或了解与本专业相关、相近的若干专业知识和技术。

3. 根据个人兴趣与能力特长设计职业生涯

职业生涯设计要与个人的性格、气质、兴趣、能力特长等方面相结合，充分发挥自己的优势，扬长避短，使人尽其才。要重点关注个人兴趣、能力特长与职业生涯设计的关系。

大学生进行职业生涯设计时应适当考虑自己的兴趣与爱好。兴趣是个人积极探究事物的认识倾向，这种倾向常有稳定、主动、持久等特征。如果一个人对某种工作产生兴趣，他在工作中就会具有高度的自觉性和积极性，就会在工作中做出成就；反之，如果个人对工作没有兴趣，就不可能将自己的精力投入到工作中，也就不可能取得成功。但兴趣爱好也并不总是起着正向的驱动作用。比如，有的大学生对什么都感兴趣，但没有形成自我特色；有的大学生兴趣面太窄，不能形成优势；有的大学生兴趣与所学专业不一致；等等。这些都会给大学生带来困惑。这就要求大学生在进行职业生涯设计时，对自己的兴趣进行客观分析，重新对自己的兴趣爱好进行培养和调整。

能力特长是人们成功地完成某种活动所必须具备的个性心理特征，是人们在社会实践中表现出来的身心力量。按照自己的能力特长进行职业生涯设计是大学生应特别注意的问题，因为任何一种职业都需要一定的能力，不同职业有不同的能力要求。能力特长对职业的选择起着筛选作用，是求职择业以及事业成功的重要保证。需要提醒的是，知识多、学历高，不一定能力强，大学生切不可以学习成绩作为评价能力高低的唯一尺度。大学生应在对自己的能力特长有一个正确的自我认知和评价的基础上，根据自己的真才实学和能力特长进行职业生涯设计。

二、大学生职业生涯规划的实施

（一）大学阶段职业生涯规划的实施

在个人职业生涯规划实施过程中，最重要的是大学阶段职业生涯规划的实施。只有把握现在，做好当前的事情，实现未来职业发展目标才能水到渠成。大学阶段的职业生涯发展有长远的方向性规划，也有阶段性的打算，应针对不同年级的任务和特点有侧重地规划实施，为毕业后的就业或继续求学做好准备。

大学生在不同的学习阶段，学习的重点和心理特征也有不同的特点，大学一年级是适应期，大学二年级是探索期，大学三年级是冲刺期，阶段不同，所达成的目标也会不同。如适应期的目标是职业生涯认知和规划；探索期的目标是基本职业能力、职业素质的培养以及职业定向指导；冲刺期的目标是就业准备和指导。

1. 适应期——职业生涯认知和规划

步入高校大门的新生，有了"独立的成年人"这个新身份，对所有的事情都感到新鲜，新环境、新同学、新的学习和生活，无不吸引着他们的眼睛，无不需要他们去了解和适应。大学一年级新生应尽快对大学的学习生活有一个初步的认识，并合理规划大学生活，认清自己将来所要从事的工作和自己的不足之处，进而制定目标。这一阶段的具体任务和目标主要有以下两方面。

（1）学业和能力方面：学会料理自己的生活，心理上要完成从少年到青年的转变；熟悉环境，结交朋友，认识老师，建立新的人际关系；始终保持向上的心态和拼搏精神，尽快掌握大学的学习方法，变被动学习为主动学习。明确自己应掌握的知识重点，努力学习基础知识，并培养和发展自己的兴趣和技能。例如，打好英语基础，为英语考级做好准备；掌握计算机技能，通过计算机和网络辅助自己的学习；学习基础专业课，认真见习实习，为深入学习专业课做好准备。

（2）职业生涯方面：初步了解自己，根据所选的专业，了解自己未来大致的发展方向；认识职业生涯规划的重要性，初步了解职业生涯规划。进行职业潜能测评、职业目标制定等系统学习；初步了解职业，特别要了解自己未来想从事的行业或与自己所学专业对口的职业的有关情况；了解近几年的就业情况，课余时间要多与高年级同学和老师进行交流；对影响职业生涯的个人、组织、社会因素有一个全面、正确的认识和了解；初步确定职业生涯目标并制订一个科学而有效的职业生涯发展计划。

2. 探索期——基本职业能力、职业素质的培养以及职业定向指导

大学二年级的学生在经过了一年大学生活的磨砺之后，渐渐回归到现实中来，此时应该着重夯实和拓展基础，分析自己的优势和弱势，进行自我完善，进一步探索并确定职业目标。

本阶段职业目标尚处在发展和待调整状态，因此，这一时期的首要目标是培养与提升通用技能和基本素质。如思想品德素质，建立正确的人生观、世界观和价值观；科学文化素质，拥有扎实的文化基础，学好专业基础知识，拓展自己的知识面；身心素质，包括学习、分析、解决问题的能力，组织协调能力，应变与沟通能力，以及良好的心理素质等。

（1）学业和能力方面：通过与师长的交流并结合本专业的职业定位，努力建立扎实的知识基础和合理的知识结构。努力考取英语、计算机、专业技能的相关证书，考取行业认证书，并有选择地辅修其他专业的知识来充实自己；在保证学业的同时，坚持参加社团活动，从中培养责任意识、组织能力、主动性、抗挫能力、人际交往与协调发展能力等；考虑未来是深造还是就业，并参加相关的讲座、培训等；思想上积极向党组织靠拢；尝试参加社会实践活动，在课余时间有计划地从事与自己职业目标或专业相关的实践活动或兼职工作。

（2）职业生涯方面：重视自我认识并做好就职前的心理准备。大学生通过具体的、有针对性的职业心理测评，进一步调整职业生涯规划模式和学习目标，做出对自己、对社会、对国家、对民族有利的职业决策；在大学生活的新鲜感过去后，容易对生活失去信心和冲劲，要努力调整好自己的状态，避免产生彷徨与迷茫的心理，要相信自己的实力和解决困难的能力。

3. 冲刺期——就业准备和指导

大学三年级进入找工作的准备阶段。此时必须确定是否要深造，如果不想继续深造就应该将目标锁定在工作申请及成功就业上。随着课程的减少和社会接触范围的扩大，大学生要努力通过实践的机会增加自己的社会阅历和经验。从实用的角度出发，对求职技巧、面试经验、企业招聘方法、创业思路等进行培训和学习，以提高技能、实际操作及运用能力、人际交往能力和对求职要领的把握能力。

这一阶段的具体任务和目标有以下内容：对前两年的积累做好总结，检验自己确立的职业目标是否明确，前两年做的准备是否充足；提高求职技巧，学习写简历和求职信，练习或模拟面试；加入校友网，从已毕业的校友那里了解往年的求职情况；积极参加招聘会，在实践中检验自己的积累和准备情况；积极利用学校就业指导中心提供的便利，了解用人单位信息；重视对校内外实习资源的利用，对多种职业、岗位、人文环境有一定的了解和认识，在实践活动中培养多种能力；感受、体验社会大环境中的"酸""甜""苦""辣"，对自己的能力、薪资期望、心理承受程度有一个准确的定位。通过岗前技能培训，进一步认识自我、职业选择和职业发展，积极搜集即将从事的岗位信息和资料，探索所有可能的机会，实现由"校园人"到"社会人"的转变。

（二）入职后职业生涯规划阶段

大学毕业1~3年为职业实践阶段，也就是实现从学生向职业人角色转变的阶段。在实践阶段要注重第一印象，建立良好的人际关系；树立自信心，相信天生我材必有用；克服完美心理，做好自身职业规划；脚踏实地，做好艰苦创业的准备，要摆正自己在新岗位上的位置，切忌眼高手低、好高骛远，忽视身边的小事；要踏实勤奋，艰苦创业。大学毕业 3~6 年，在实践中随着自身素质和社会的发展变化形成职业意识。大学毕业 6~10 年，基本锁定职业。职业锁定既避免了大学生高流动求职，减少了职业生涯不安定因素，又会给工作单位、社会带来稳定并创造更多效益。大学毕业 10~15 年，随着自身素质和社会发展的变化积极主动地开拓，进入职业开拓期。大学毕业 15~30 年，职业生涯前 20 年，工作以量为中心，后 20 年，工作以质为中心。这个阶段对人生目标有了明确理解，职业趋于稳定。

三、大学生职业生涯管理

职业生涯规划是一个动态的过程，在人生各发展阶段，由于社会环境的巨大变化和一些不确定因素的存在，会使原来制定的职业生涯规划与现实情况有所偏差，需要对职业生涯规划进行评估并做出适当调整，以更好地符合自身发展和社会发展的需要。在职业生涯规划过程中，评估与修正是一个再认识、再发现的过程。我们要时刻注意周围环境的变化，不断审视自我、调整自我，修正策略和目标，确保个人职业生涯规划的有效性。

（一）职业生涯规划的评估

评估是指在实现职业生涯目标过程中自觉地总结经验和教训，修正对自我的认知和最终的职业生涯目标。职业生涯目标在工作初期大多是模糊的、抽象的，有时候甚至是偏差较大的。在努力工作一段时间后，有意识地回顾，可以检查自己对职业目标的设定是否正确，是过高还是过低。不少人在经历一段时间的尝试和寻找之后，才了解自己到底适合哪个领域、哪个层面的工作，在缺乏评估和修正的情况下这个时间段可能长达几年甚至几十年。在目标设定正确时，评估和修正可以纠正各阶段目标中出现的偏差，同时极大地增强实现目标的信心。

1. 职业生涯规划评估的作用

职业生涯规划评估有助于检验职业生涯策略是否得当。我们在制定职业生涯规划时，首先要进行自我评估，在此基础上为自己的职业生涯定下目标，并制定相应的实施策略，包括学习计划、培训计划、工作计划等。这些计划都是为了实现目标而制定的。但是，这些计划是否适当且有作用呢？这些计划实施之后，是否觉得自己离实现目标更近了呢？计划的实施效果如何应该是我们最关心的问题。因此，我们在实施这些计划的过程中，要不断反省，定期对实际效果进行检验。

职业生涯规划评估有助于检验职业生涯目标是否适当。职业生涯规划的每项内容都建立在自我分析和客观事实的基础上。但是，世界每天都在变化，大到国际形势的突变、国家政策的调整，小到组织制度的改变、组织结构的变革、自身条件的变化，这些都是影响我们制定职业生涯目标的客观因素。同时，大学生的心智不成熟，缺少社会阅历，加之大部分大学生对自己评价过高，对于职业生涯的期待过高，并没有根据实际情况制定职业生涯目标，所以大部分人在制定职业生涯规划时极度盲目，制定的职业生涯目标与实际情况有很大的偏差，缺乏可操作性，这正是毕业生跳槽率偏高的原因。因此，要定期对职业生涯规划进行评估，要考虑所选择的职业是否适合自己，是否是自己心中最想做的工作。

阶段性评估有助于及时调整职业生涯规划。周围环境和我们自身是在不断变化的，如果不对职业生涯规划进行评估或很长时间才评估一次，就不能及时发现问题，并迅速做出改变。职业指导专家建议，要根据实际情况定期进行评估，及时纠正实施过程中出现的偏差，时间最好不要超过一年，每年评估一次是针对短期目标而言的，中期目标要3~4年评估一次，长期目标要7~10年评估一次。一般情况下，对中长期目标的评估要比对短期目标的评估花更长的时间，而且有可能对职业生涯目标的制定产生巨大的影响。

2. 职业生涯规划评估的内容

职业生涯目标评估，即是否需要重新选择职业。如果一直无法找到理想的学习机会和工作，那么就要根据现实情况重新制定职业生涯目标；如果一直无法适应或胜任最初制定的职业生涯目标，在学习工作中得不到应有的发展，导致我们长期压抑、心情不愉快，这时就应该考虑修正职业生涯规划。例如，在婚后，职业给家庭造成很多不便，或者家人反对自己所从事的职业，就要考虑调整职业生涯规划。职业生涯路径评估，即是否需要调整发展方向。当出现更适合自己职业生涯发展的机会，而原定的发展方向又缺少前景的时候，就应该尝试调整职业生涯路径。实施策略评估，即是否需要改变行动策略。例如，自己及家人无法在自己工作的地方定居、工作，可以考虑改变既定的计划；在一定区域和职业选择上得不到发展，可以考虑改变行动策略。其他因素评估，即对身体、家庭、经济状况以及机遇、意外情况的评估。如果家庭需要得到更多的照顾，我们应该把更多的精力投入家庭，甚至暂时放下工作；如果身体条件不允许，应适当降低对职业生涯目标的要求。

3. 职业生涯规划评估的步骤

对职业生涯规划进行评估和调整的时机因人而异。大学生初次就业时，在经历了求职实践后，可以根据新的就业信息和供求情况，结合自身特点，对职业规划进行评估，并判定是否需要做出调整。在入职一年后对从业的实际情况进行评估，如有需要，及时做出调整。当然，由于目标的大小、完成时间的跨度不同，职业生涯规划的评估与调整可以一年进行一次或几次，也可以几年进行一次。调整的步骤有如下几方面。

（1）确定评估的目的和任务。在开始着手做一件事之前，我们都要考虑为什么要做这件事，即目的是什么。所以，在做职业生涯规划的评估工作时要先确定评估的目的以及主要任务。评估的目标，就是要确定职业生涯目标是否合适，是否需要更改职业生涯路径，策略是否得当。

（2）重新评估自己。对比现在的自己和过去的自己有何区别，分析个人条件的变化，检验自己在职业实践中的成果，职业初期要评估自己的职业素质是否符合目前所选择的职业，在职业中期则重点评估自己的工作绩效和职业发展情况。

（3）重新评估职业目标。根据当前经济社会发展的情况，对职业目标在当前社会中的地位和发展趋势、对从业人员的素质要求与自身素质的匹配程度、所在企业的内外环境、个人实现目标的进度等方面进行评估，从而对短期目标、中期目标和长期目标分别做出调整。

（4）调整行动方案。最终的调整要落实到行动计划上。结合现有的情况，审视哪些计划是合理的，哪些计划还有不足之处，哪些计划是需要放弃的，从而对短期计划、中期计划和长期计划分别做出合理、及时的调整。

（二）职业生涯规划的修正

职业生涯规划需要不断调整与修正，一个好的职业生涯规划需要具备可行性，需要有实施计划的具体措施和时间。但是职业生涯规划做得过细也会束缚个人的发展，可能丧失随时到来的种种机会，又会因为不切实际而缺乏可操作性。在影响职业生涯发展的许多因素都难以预料的情况下，要使职业生涯规划行之有效，就必须使其具有足够的弹性，在实践中不断进行评估与调整；就需要我们在实践中定时、定期地检验目标完成的情况，评估环境的变化，从而根据评估的结果对目标和策略方案进行合理的调整与修正。

1. 职业生涯规划修正的目的

修正是改正、修改，使其正确的意思。职业生涯规划修正的目的：对自己的强项充满自信；对自己的发展机会有清楚的了解；找出关键的、有待改进之处；为有待改进之处制订详细的行为改变计划；以合适的方式答复那些给予反馈的人，并表示感谢；实施行动计划，确保取得显著的进步和成就。

2. 职业生涯规划修正的影响因素

职业生涯规划修正的影响因素有个人因素、组织因素、环境因素。环境因素包括社会环境、政治环境、经济环境、科技环境、自然环境、法律环境等。从宏观层面认识职业生涯发展的局限和可能，个人只能适应却不能改变环境因素。组织因素包括组织规模、组织结构、组织文化、组织发展状况、人力资源规划、人力资源管理系统类型、晋升政策、人际关系等。要改变组织因素非常困难，但可以选择到最适合自己发展的组织中工作。个人因素包括年龄、性别、学历、工作经历、家庭背景、人格等。一方面要正确认识自己，另一方面要不断完善自己。个人和组织要适应环境因素，正确认识和分析组织因素、个人因素，寻求个人和组织的和谐发展。

3. 职业生涯规划修正的内容

职业生涯规划修正的内容有职业方向、策略和措施、行为心理。

（1）职业方向的修正。职业方向的正确与否直接关系到职业生涯的发展是否顺利，是职业生涯成功与否的关键因素。在实际工作中，许多人都会发现自己的职业生涯发展不顺利，原因是最初制定的职业方向是错误的。制定职业生涯规划时，是根据科学方法施行的，为什么会出现职业方向选择错误的问题呢？其一，自己的爱好发生变化。最初的职业方向在很大程度上是依据个人兴趣和爱好进行选择的，随着时间的推移，在一些外部因素和自身条件变化的影响下，人的兴趣和爱好也可能随之变化，职业方向与新的兴趣爱好相冲突，所以职业发展不顺利。其二，缺乏对内外环境的客观分析。不少人在分析内外环境时，不进行实际的了解而进行主观判断，从而使自己对内外环境的认识出现偏差。其三，当初设计职业生涯规划时缺少对工作的真实经验，因为经验不足导致职业方向选择出现问题。职业方向的选择错误对于大学生来说是很正常的，不要因为选择错误就丧失信心，迷失方向。但职业方向选择错误，会直接导致职业生涯目标和职业生涯规划路线的错误。因此，在综合分析、冷静思考后，要对职业方向、职业目标和职业生涯路线做出规划与调整。

（2）策略和措施的修正。有时候职业生涯发展不顺利，并不是因为职业方向选择错误或职业目标有问题，真正的原因是，我们针对职业目标所制定的策略和措施不合适。在职业生涯规划中，我们会根据自己与这些目标之间的差距制定一些策略和措施。为了达到职业目标要求的素质，我们会有计划地参加一些培训，进行实践锻炼等。这些措施又可以具体到参加什么培训班，选择哪个老师等，这些都是影响职业发展的因素，因此当职业发展不顺利的时候，如果不是职业方向出了问题，就要考虑策略和措施是否得当，发现问题，要及时进行修改，以免影响日后的职业发展。

（3）行为心理的修正。职业发展不顺利可能是由于职业方向选择错误或制定的策略和措施有问题。当这两方面都没有问题时，就要考虑可能是由于心理和行为不匹配造成的。因此，要学会判断自己的心理状态。在职业生涯规划实施的过程中，首先，自己要相信自己的选择和判断，不要妄自菲薄，也不要盲目自大。其次，在确定好目标以后，一定要坚定不移地走下去，除非发现目标出现问题，否则不要轻易放弃自己的计划。最后，要保持乐观积极的态度，这样才会成功。

职业生涯目标的实现需要一个漫长的过程，要将大的长远目标，逐步分解到小的、近期目标，在实现小的、近期目标的基础上，逐步接近长远目标。但这种大的目标的实现离不开科学的决策，目标应该符合自己的实际情况，如果目标过于高远，则很难实现，只有将理想建立在实现的基础上，发挥自己的潜力优势，才能实现目标。

职业生涯发展要按照先努力在基层小单位工作，积累经验，培养能力，然后逐步向中层管理部门努力，最后指向终极目标的顺序制定。成为经理、总经理，除了要有丰富的实践经验，还要有较高的理论素养。实践经验可以在工作中通过不断地观察思考、总结、逐步积累来获得；理论知识可以通过自学来掌握，如阅读报纸和杂志，还可以参加相关培训等。职业生涯的发展道路不是平坦的，而是曲折的，有的人职业发展道路顺利，有的不顺利。顺利的人，往往目标确立得比较早，而且具有一定的能力，审时度势，意志坚定。不顺利的人，往往是因为在面对从事管理工作还是从事专业工作时，不知如何选择。不管从事哪种工作，都需要按照当时的情景确定职业发展目标，并一步步地走下去，完成自己的岗位职责，为社会的正常运转奠基，最终实现自己的职业目标。

（三）职业生涯决策的工具

1. 决策平衡轮

在职业生涯决策中，我们常常会面临几种选择不知选哪种好的状况，比如，是继续升学还是就业？如果就业，是当公务员、去企业，还是当老师？是去 A 公司、B 公司，还是去 C 公司？如果升学，不同的学校、专业，又该如何选择？在面对上述情况时，一种有效的工具是"决策平衡轮"。它是一种图形的方式，能够帮助我们比较直观、全面地了解和掌握情况，从而做出选择。

练习 4-1　决策平衡轮

首先，在一张 A4 白纸上画一个尽可能大的圆，然后将圆分成八等份。在这种情景下将自己最看重的价值标准列出八个，依次写在圆的外围。在另一张白纸上做同样的事情。有几个选项就画几个圆，并等分和写下同样的价值标准，如图 4-4 所示。

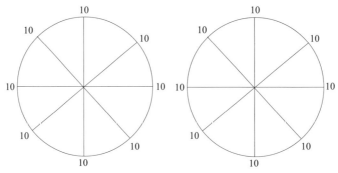

图 4-4　决策平衡论

其次，给选择打分。如果圆心是 1 分，圆周代表 10 分，那么选择在这八方面的分数各是多少。用一条弧线在八个扇形区域中标出来，再将得分的部分用笔涂黑。接着，给其他的选择进行同样的打分并在图上标出来。最后，将完成的几张图并排在一起进行观察，感受每个选择在不同方面的得分和布局。体会自己现在对于每种选择的整体感受和心中的倾向。在使用决策平衡轮时，列举各项考虑因素，给各个选择打分的过程很重要，它能帮助我们厘清思绪。常言说，一张图胜过千言万语。大脑通过图形的分布状况可以对每项选择产生一个整体印象，从而有利于个人做出适合自己的选择。

练习 4-2　我的平衡轮

1. 小调查

你对自己未来的职业发展是否有规划设计？

A. 有明确的规划设计　　B. 有规划设计　　C. 没有规划设计

2. 要求

画一个圆，并将其八等分。列出你生活中最重视的八个方面，如健康、家庭、事业、爱情、朋友、财富、个人成长和休闲，分别填入等分的圆中。

3. 思考

（1）它们的优先顺序是怎样的？

（2）什么对我是最重要的？

（3）每个方面的满意度是多少？（如果 10 分是满分，我给每个方面打几分）在图型中用阴影标出各方面的分数。

（4）你对目前的状况满意吗？如果选一个你最想改变的地方，是什么？

（5）假如你对不满意的状况进行打分，从 1 到 10 分，会是几分？假如不满意的状况得到了改善，你希望提升几分？那时，你的生活会有什么不同？现在你会选择哪些方法去改善？请尽可能多地列出来。

（6）所列方法中，哪一个是你可以马上付诸行动的？当你做到了，谁会为你的改变而高兴？那时的你会对自己说些什么？

2. 决策平衡单

在决策过程中对多种选择进行评估排序时，可能会感受到该决定所涉及的各方面因素会有不同的重要性，需要以权重来体现。在做了决策平衡轮后，对具有习惯理性思维的大学生来说，一个有效的方法是使用决策平衡单，将重大决策的思考方向集中在四个主题上。包括个人物质方面的得失、他人物质方面的得失、个人精神方面的得失、他人精神方面的得失。在使用时，可以按上述四个类别列出个人所有的重要价值观并按其重要程度分配权重，然后将它们作为评判的标准，逐项对所有的选择进行加权计分，最后按总分排序。

练习 4-3　决策平衡单

将你的各种生涯选择水平排列在决策平衡单（表 4-1）的顶部。在平衡单的左侧，垂直列出你在"个人物质方面的得失""他人物质方面的得失""个人精神方面的得失""他人精神方面的得失"四个方面的重要价值观和考虑因素。

给各种价值观和因素按 1~5 的等级分配权重。一项价值观或因素的重要性越大，它的权重就越高。5 为最高权重，表示"非常重要"，3 代表"一般"，而 1 代表"最不重要"。对自我需求和价值观的准确了解，是给价值观和考虑因素指定权重的前提。

按照各项职业生涯选择满足个体价值观和考虑因素的程度，进行打分。分值在"-5"到"+5"分之间，其中"+5"表示"价值观和考虑因素在该职业生涯选择中得到了完全的满足"，"0"表示"不知道或无法确定"，而"-5"表示"价值观和考虑因素完全未能得到满足"。

将各项生涯选择的得分与各项价值观和考虑因素的权重相乘进行计分，将结果记录在相应的空格内，将每一选择下所有的正负积分相加，得出总分，对所有总分进行比较和排序。

表 4-1　决策平衡单

选择项目 / 考虑因素	权重 -5~+5	选择一 加权分数（+）	选择一 加权分数（-）	选择二 加权分数（+）	选择二 加权分数（-）	选择三 加权分数（+）	选择三 加权分数（-）
个人物质得失							
1							
2							
3							
他人物质得失							
1							
2							
3							

续表

选择项目 / 考虑因素	权重 -5~+5	选择一		选择二		选择三	
		加权分数（+）	加权分数（-）	加权分数（+）	加权分数（-）	加权分数（+）	加权分数（-）
个人精神得失							
1							
2							
3							
他人精神得失							
1							
2							
3							
总分							

在使用决策平衡单时，要注意其目的不仅在于得出最后的排序结果，填写的过程也很重要。因为列举各项考虑因素、给各项价值观分配权重以及给各项选择打分的过程本身，就是在帮助个人厘清思路。这样一个仔细思索和反复推敲的过程，可能比单纯得出一个结果更为重要，更能够帮助个人做出适合自己的决策。

显而易见，这样的决策方式需要较多的时间和精力的投入。因为和许多事情一样，决策虽然有各种方法和技巧，但却没有捷径可走。也正因为这种决定产生的结果具有十分重大的意义，我们才需要投入这么多的时间和精力。聆听和尊重内心深处的爱恨或直觉，从而做出身心一致、满意的选择。

大学生通过沟通—分析—综合—评估—执行五个步骤循环，运用决策平衡单、决策平衡轮等工具按类别列出个人所有重要价值（或者职业生涯选项），并按其重要程度赋予权重，最终加权积分排序，或综合运用以上方法和工具，最终在可能的目标选项中初步选择最优职业生涯目标。

最优职业生涯目标应该符合六个要求。

（1）必须是明确的，不要含糊笼统，比如，不要说"我的目标是更好地利用时间"，应该说"我一天只能花不超过个半个小时的时间来看电视"。

（2）可量化的，因为有一个可以衡量成功或失败的标准，从而可以准确地评价是否达到了自己的目标，比如"加强社会实践"，应修改为"在这个月内，参加一个学生社团（摄影协会），并访谈两位摄影师"。

（3）可以达到但有挑战性，实现这个目标是现实的、可能的，但又有一定难度。

（4）目标有意义、有价值，并有奖惩的措施，实现这个目标能带给你成就感、愉快感，反之，则会使你有所损失。

（5）有明确的时间限制，要有计划分步骤地在限定的时间内完成。以一星期、一个月或一学期为单位设立目标，会比将事情都堆到毕业前完成要有效得多。

（6）可控的，你对影响目标实现的因素具有相当的控制能力，你必须为自己的目标负责，而不能指望他人来实现一切，当你确实需要他人帮助时，你可以向他们表达，争取他们的合作，但同时你不能把期望看得太重，必须做好被拒绝的准备，确切地说，你能控制的只有你自己，因此你的目标也必须完全属于你。

这六个方面的要求可以使大学生制定的目标有实现的可能，并且可以帮助制定者在一段时间之后，回顾总结自己所取得的进步与不足，明确自己该干什么以及干得怎么样。

（四）决策质量评估阶段

职业生涯规划是长期持续的过程。要使生涯决策行之有效，就必须不断对生涯决策进行评估与调整。要在实施中对决策进行评价与检验，及时诊断各个环节出现的问题与偏差，找出相应对策，对目标进行调整与完善。

1. 决策评估

决策评估阶段将针对初步选择的职业、工作进行决策评估与检验。

（1）决策者要再次进行自我评估。一方面，随着决策者不断地实践与思考，决策者会对自己有新的认识；另一方面，环境在随时变化，所以有必要根据环境的变化回顾自己的职业生涯决策，思考这是不是自己想要的人生，如果继续这样工作和生活自己的感受是什么，继续什么和改变什么可以让自己的满足感最大等问题。同时考虑性格、兴趣、能力和价值观等自我评估中的哪部分需要重新进行，并确定自己是否仍然适合决策目标。

（2）要评估初步选择的生涯目标对决策者本人及家庭的影响。决策者的家庭成员以及与其关系重要的人都会干扰其有效决策的形成，因此决策者应广泛征求父母、老师等人对初步决策目标的建议，同时评估初步选择的生涯目标对生涯决策者和他人的影响。例如，如果选择继续深造，会给自己、父母、朋友以及周围的人带来怎样的影响，而且要尽可能列出决策目标的负面影响。

（3）决策者应关注社会环境中自己职业生涯影响因素的变化，并分析这些变化对自己职业生涯目标的作用。

此外，社会环境中流行的工作价值观、政治经济形势、产业结构的变动等因素都可能对初步选择的生涯目标产生影响。

2. 决策调整

结合决策评估的结论，决策者需要对决策目标进行调整。调整的内容包括职业的重新选择、职业生涯路线的调整和人生目标的修正等。及时调整生涯目标是为了使其在社会中找到真正适合自己的位置，并使决策者自身得到更好的发展。

无论评估结果与决策者的生涯发展规划冲突程度如何，决策者都应做出相应的调整，最终得到调整后的决策结果并执行。决策者把思考转化为行动，并在行动和实践中进行评估与调整，使整个职业生涯决策过程更加完善。

大学生职业生涯决策是一个复杂的过程，职业生涯决策的有效与否将直接影响大学生生涯发展的好坏。任何一个决策都是包含信息的搜集、目标的确定、评估与调整、决策行为反应的复杂过程。因此，根据实践的开展与环境的变化，对自身职业生涯决策进行评估与调整，将对大学生做出有效的职业决策行为乃至就业提供指导和帮助。

【实践应用】

1. 有工作经验总比没有强

2017级航空发动机技术专业毕业生小王，积极参加求职招聘活动，并在过去的两个月里收到了三个工作邀请，然而，他拒绝了这三个工作邀请。他说："这些工作无法给我理想中的工资，我在大学学习了那么长时间，学到了先进的技术，我希望得到更高的工资。"小王一直到现在都没有找到工作。

小王承受着错误观念给他带来的损失，他认为多年的正规教育让他有资格得到更高的薪水。然而，老板们不会在意我们在学校受到的教育，他们重视的是现在我们能为他们做什么。他们要的是我们过去为别人提供了有价值服务的证据，因为那些东西才能证明我们现在能否做出有价值的事情。如果小王把所有时间都花在学校教育上，没有或只有很少的工作经验，那么没有哪位老板敢冒险付给他高工资。我们的建议是，小王先接受一份工作，这样他才有机会学到一些实际的工作技能，并在工作中展示自己的价值。他可以找老板要求更高的薪水，但要在他证明了自己的价值之后。

2. 无论过去做什么，现在都可以改变自己的职业方向

小李不知道自己大学毕业以后应该做什么，直到父母给她施加了压力，她才到社区管理办公室上班，但她并不喜欢办公室里的嘈杂气氛和处理不完的琐事，在这里工作任务一个接一个，每天社区来访人员不断，她讨厌自己的工作。当她的朋友问她为什么不辞职时，她回答道："我不能不干！我已经投入太多了。学习、培训、考证，终于成为正式员工，现在我已经有了四年的社区工作经验，我不能把这一切都扔掉。"

小李的错误观念在于，如果改变职业方向，过去的培训及经历将会被浪费。难道因为已经做了四年自己讨厌的事情，就应该在余生继续做自己不喜欢的事情吗？这四年的时间肯定教给了她一些有价值的东西，有些东西她可以应用到全新的领域。她需要转变观念：人为改变职业方向并不意味着浪费过去的投资，用学到的东西探索新的方向，可以为自己创造更美满的人生。

3. 全力以赴，目标会有的

张琅进大学的时候，不知道自己想要学什么专业，也不清楚自己未来想从事什么职业，上课也不是很认真。他对自己最好的朋友说："一旦我发现自己真正想做的事情，我就会全力以赴投入进去，到那时，我才不会像现在这样吊儿郎当呢。"

张琅有一个错误的观念，他认为"目标"会无中生有并且等着被发现。他从来没有意识到，只有全身心地投入到各种工作中，目标才会自然而然地形成。如果张琅能全身心地投入到自己所学的课程、所参与的活动中，他的情况会好起来的。张琅会因为坚持不懈而赢得好名声，同时很可能会发现自己真正的热情所在。

【思考解答】

我们应如何做好职业生涯决策？

答：职业生涯决策是个人根据各种条件，并经过一系列活动以后，进行的目标决定，以及为实现目标而制定的最优个人行动方案。在决策时应注意几个问题。

（1）职业决策需要结合自己的气质、性格、特长、兴趣和能力。

（2）要有明确的职业目标。

（3）根据自己的实际情况规划职业生涯，并具有可执行性。

（4）对于职业生涯中遇到的问题，要正确对待，不要逃避问题。

（5）职业生涯中有什么困扰或疑惑，可先听听亲朋好友的建议，或求助职业生涯顾问。

（6）对于已经做了的决定，特别是重要事项的决定，不要游离不定，要坚定自己的决定，只有采取积极的行动才能有助于问题的解决！

（7）善于做系统长远分析而不要只做利弊分析，在生涯发展中没有统一有效的程序，所以你要琢磨的是在职业中如何发挥你的优势，如何让你更自如。从长远来看，能促进你发挥优势，让你更加自信的都是好的决定。所以，不要把自己拘泥于对个人是否有利这个方面思考问题。

这些仅仅是给予你的职业生涯决策中的一些友好建议，每个人的情况不同，做法也不同。所以应该如何做，如何做好，还要根据自身实际情况来决定。

【课后作业】

（1）你的职业目标是什么？
（2）你的学习目标是什么？
（3）模拟情境，为自己的职业生涯做一次选择。
（4）尝试规划你的职业生涯。

第五章　职业能力提升

【本章要点】

通过本章内容的学习和训练，学生能够了解职业能力的结构以及如何培养职业能力，明白不同的职业对职业能力的不同要求，学会评估自身的职业能力；能够认识团队合作、有效沟通、时间管理的重要性，认识自己时间管理、有效沟通、团队合作方面的不足并愿意做出改变；能够强化职业意识，巩固和完善职业理想，认识职业道德行为养成和专业学习对实现职业理想的作用，形成正确的职业发展观、成才观；能够增强提高职业素养和职业能力的自觉性，并以此规范和调整自己的行为，有针对性地提高自身职业能力，目标明确地进行强化训练，积极做好适应社会、融入社会和就业、创业的准备。

第一节　职业能力

大学生所面临的压力和承担的责任与义务，比高中生大。他们不仅要学习专业课程，而且要参加社会实践，为未来就业做准备，在自己感兴趣的领域有所建树。他们必须提升职业素养，职业素养是在个人的世界观、人生观和具有的专业知识、技能的基础上，涵盖职业道德、职业安全、职业形象、职业能力、职业审美等诸多方面的观念意识、知识、技术，以及相关的作风和行为习惯。大学生要树立敬业、诚信、友善、爱国的信念，明白良好的职业素养是实现个人职业理想、为人民服务的保障。

习近平总书记指出"发展是第一要务、人才是第一资源、创新是第一动力"。在新时代，随着中国经济迈向高质量发展阶段，高质量发展要求提高人才结构和产业结构的匹配度，而进一步优化人才结构应以提高人才素质为核心，因此人才的职业能力培养与提升是必要的。职业能力包括自我管理、情绪管理、时间管理、创新能力、有效沟通、自信演讲、职业礼仪、团队合作、会议管理、项目管理等。作为新时代的大学生，要在学习和社会实践中，努力培养和提高自己的职业能力，早日成才，加入中国经济建设大潮，为国家繁荣昌盛、人民幸福安康贡献力量。

【案例引入】

2020年5月，新冠肺炎在全球肆虐，中国的疫情在中央坚强领导、全国人民同心努力下得到了有效控制，有考生及家长前来某校咨询招生情况，一些家长在咨询中提出如下问题。

家长："老师，我孩子今年高考，前期模拟考试得300多分，估计考不上本科了，想上专科。现在是网络时代，我想让他学计算机方面的专业，您能不能介绍一下计算机网络技术专业？"

咨询人员："可以，我校从2001年就开始招收计算机网络技术专业的学生，至今已经有20年多年的办学经验，现在……"

家长："计算机网络技术专业的学生都学什么课程呢？"

咨询人员："这个专业学习计算机应用基础、计算机网络基础、静态网页设计与制作、Python程序设计，以及路由交换技术、Linux操作系统管理、服务器架设与管理、云计算技术、网络布线工程设计与实施、网络安全技术……"

家长："学完以后孩子能做什么呀？有单位录用吗？"

【理论讲解】

一、职业能力概述

职业能力是人们从事某种职业的多种能力的综合，高水平的职业能力有利于人们更好地适应自身所从事的职业，提高工作效率，优化自身的职业生涯。职业能力结构基于素质模型，分为专业能力和通用能力。

（一）什么是职业能力

职业能力是个体将所学的知识、技能和态度在特定的职业活动或情境中进行类化迁移与整合所形成的能完成一定职业任务的能力。

能力是指能迅速和准确地完成某种活动所必须具备的个性心理特征，它是影响活动效果的基本要素。如果一个人的能力符合某项活动的要求，那么就会很容易地、高水平地完成任务，也就表现出有能力。每个人都需要对自己的能力有所了解，只有知道自己的优势和不足，才能在工作中更好地扬长避短，发挥最大的价值。

（二）能力的层级

能力只有从能力的结果表现才可以看出来。如果一个人没有外显的行为特征，别人是无法发现他的能力究竟是何种类型，到达了何种水平的。能力分为外显能力和内隐能力。

外显能力包括基本知识、基本技能，是外在表现，类似于冰山露在海面上的部分。这部分是对职业从业人员基础素质的要求。知识和技能可以通过针对性地培训习得。例如，赵逸豪，某校航空发动机制造技术专业2017级学生，现就职于中国人民解放军第5702工厂。他掌握了大量航空发动机制造的知识，包括哪种发动机是何种结构、何种原理、何种使用方法、何种构件、构件加工及工艺，同时经过实习实践和工作中的磨炼，他也熟练掌握了很多技能，包括车、铣、磨、钳、刨的各种技法，是这些充沛的知识和熟练的技能使他能做出合格的航空发动机零件。这些知识和技能构成了他职业能力的外显部分。

内隐能力包括社会角色、自我形象、特质和动机等，是人内在的、难以测量的部分。一个人的外显能力即所掌握的知识和技能，取决于他的内隐能力。两个人可能具有相同水平的知识和技能，但由于内在的自我概念、成就动机等特质不同，在后续的职业发展中就有了巨大的差异。例如，大学入学时大家掌握的知识、技能差不多，但在大学毕业时却有了巨大的差异，优秀的学生能够根据自己的意愿，去自己理想的学校读本科或从事自己喜欢的工作，但发展不理想的学生可能连正常毕业都做不到。一个人内在的，从外表不容易发现的特征是决定其未来长远发展更重要的能力。

能力分为六个层次，包括知识、技能、社会角色、自我概念、性格特质和动机。

（1）知识是指个人在某一特定领域拥有的事实型与经验型信息。

（2）技能是指通过练习能够结构化地运用知识获得的动作方式和动作系统，有时表现为心智活动方式，称为心智技能；有时表现为操作活动方式，称为操作技能。

（3）社会角色是指一个人基于态度和价值观的行为方式与风格，例如是积极进取的还是保守固执的。一个积极进取的人就会更积极主动地学习知识、掌握技能，从而有更好的职业表现。社会角色是由自我概念所决定的，一个人和社会互动的风格在很大程度上取决于他怎么看待自己。

（4）自我概念是指一个人的态度、价值观和自我印象，就是他怎么看待自己，在自己心中是一个什么形象的人。自我概念受到性格特质的影响，一个人怎么看待自己与长期以来形成的、稳定的性格特征有关。

（5）性格特质是指个性、身体特征对环境和各种信息所表现出来的持续稳定的反应模式，受到遗传和环境的交互影响，是相对稳定的、不会轻易发生变化的个人特点。

（6）动机（需要）是指在一个特定领域的、个体持续而稳定的需求动机。它们将驱动、引导和决定一个人的外在行动。

知识与技能大部分与工作所要求的直接资质相关，能够在较短的时间内使用一定的手段进行测量。可以通过资质证书、考试、面谈、简历等具体形式来测量，也可以通过培训、锻炼等办法来提高这些素质。

社会角色、自我概念、性格特质和动机这四个方面往往很难度量和准确表述，又很少与工作内容直接关联。只有其主观能动性变化影响工作时，其对工作的影响才会体现出来。

这六个层级的能力模型就是美国著名心理学家麦克利兰于1973年提出的"冰山模型"，如图5-1所示。"冰山模型"把个体能力描述为漂浮在海洋面上的冰山，将能力的不同表现划分为表面可见的"冰山以上部分"和深藏的"冰山以下部分"。根据冰山素质原理，个人在冰层以下的部分才是影响其行为的主要因素，如果没有良好的求职动机、品质、价值观等相关素质的支撑，能力越强，知识越全面，对组织的负面影响会越大。

了解能力层次对大学生有重要的意义。一方面，大学生理解知识和技能只是整体能力的外在表现，一个人应当从培育积极的、强烈的动机开始培养自己，完善自己的性格特质和自我概念，这样才有积极正向的社会角色，然后才有持续学习知识、获得技能的源源不断的动力。另一方面，在就业过程中，申请职位之前，对自己有一个准确的定位，有利于选择合适的职位；在面试之前，弄清自己各素质层级的状况，能更好应对面试官的各种提问。

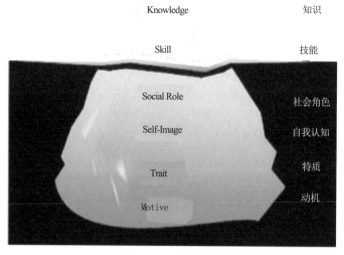

图 5-1　冰山模型

二、职业能力的分类

(一) 职业能力的构成

我们将对能力尤其是外显的能力进行分类，不同的职业对其从业人员的能力要求不尽相同。销售人员侧重于沟通和表达，航空器维修人员则要求具有高超的专业技术能力；有些能力又是所有职业都必须具备的。职业能力结构就是在素质模型的基础上，结合职业特征，归纳不同职业的共同规律，总结而成的所有职业所需能力的普遍化结构模型。职业能力具体结构如图 5-2 所示。

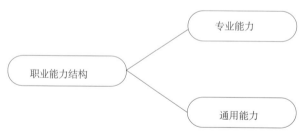

图 5-2　职业能力具体结构

1. 专业能力

专业能力是指从事具体的职业活动所需要的特定技能及与其相应的知识，包括单项技能与知识和综合技能与知识。它是劳动者胜任职业工作，赖以生存的核心本领，是基本的生存能力。对专业能力的要求是具有合理的知识与能力结构，强调专业的应用性、针对性。高级的专业能力还指对新技术的理解力、职业的适应性、合理化建议、过程优化、质量意识、安全意识、经济意识、时间意识等。

2. 通用能力

通用能力包括方法能力和社会能力。方法能力是指具备从事职业活动所需要的工作方法和学习方法，包括制订工作计划的步骤、解决实际问题的思路、独立学习新技术的方法、评估工作结果的方式等。方法能力是基本发展能力，对方法能力的要求是具有科学的思维模式，强调方法的逻辑性、合理性。更高层次的方法能力还包括分析与综合，全局与系统思维，整体与创新思维，决策、迁移能力，信息的截取、评价和传递，目标辨识与定位，联想与创造力等。比较核心的方法能力主要包括批判性思维和信息能力。

社会能力是指具备从事职业活动所需要的行为能力，包括人际交往、公共关系、职业道德、环境意识。例如与同龄人相处的能力，在小组工作中的合作能力、交流与协商的能力、批评与自我批评的能力以及认真、细心、诚实、可靠等。社会能力既是基本生存能力，又是基本发展能力，对社会能力的要求是具有积极的人生态度，强调对社会的适应性、行为的规范性。进一步发展后的社会能力还指社会责任感、群体工作的协调与仲裁、宽容、心理承受力、参与意识、自信心、成功欲、积极性、主动性、灵活性、语言及文字表达能力等。比较核心的社会能力主要包括沟通能力以及领导与合作能力。

例如，飞机机电设备维修专业毕业的学生，从事的职业是民用航空器机械维护员，从事的工作岗位有飞机航线维护、飞机定检岗位、飞机结构修理、飞机发动机修理、飞机发动机电气附件修理、飞机电气设备修理等。他们的专业能力包括飞机系统及附件的构造与工作原理，航空发动机系统及附件的构造与工作原理，飞机和发动机维护和修理的基础知识，航线维护等专业知识和将各种知识综合运用的飞机维护实践能力。他们具备航空识图能力，熟悉飞机系统和发动机的原理与构造，能熟练使用各种航空维修设备和工具，具备飞机机体和发动机基本维护能力，飞机机电系统和设备的维护能力。他们的通用能力包括具有严谨规范、精益求精、吃苦耐劳的优良品质，具备爱岗敬业、诚实守信、遵章守纪的良好职业道德水准，具备一定的计算机应用能力和英语沟通能力，查阅和使用维修资料和相关标准资料的能力，具备对新知识、新技能的学习能力，具备团队协作、人际沟通的社会交往能力和语言沟通能力。更高层次的要求是具有从事本专业工作的安全生产、环境保护等意识，具有强烈的安全意识、社会责任感和开拓进取的创新精神，具备较强承受压力的心理素质和身体素质。

在大学中有许多学习和训练自己能力的机会，这些能力都可以迁移到未来的工作中，完全没有必要担心自己没有能力，你可以在大学几年中为自己提升能力做好准备，大学生活和能力对应如表5-1所示。

表5-1 大学生活和能力对应

大学生活	可迁移到单位工作中的能力
专业学习	专业技能、学习能力
学生干部	组织管理能力、沟通协调能力
社团活动	专业技能、团队合作能力
各种竞赛	专业技能、抗压能力

续表

大学生活	可迁移到单位工作中的能力
社会实践	工作经验、实际工作能力
同学交往	人际交往能力、沟通能力
调研报告、撰写论文	信息搜索能力、写作能力
班级活动	执行能力、团队合作能力
打工实习	工作所需的各种能力和职业态度
娱乐休闲、业余爱好	工作与生活平衡能力、时间管理能力
自我生活管理	时间管理能力、理财能力、生活自理能力、规划能力
求职	资源整合能力、信息搜索能力、识别判断能力、沟通能力、抗压能力

（二）不同类型职业的职业能力结构

不同类型职业对职业能力的构成要求不尽相同。有一些职业专业性比较强，不是该领域的人可能完全无法胜任该工作，这种类型的职业对个人专业能力的要求比较高。例如医生、律师、精算师、建筑师等，就要求应聘者具有较强的专业素养，对通用能力的要求反而比较低。而专业性比较弱的职业，例如销售、管理、策划等，对专业能力的要求比较少，更倾向于拥有较高的通用能力。这些职业在工作中对人际交流能力的需求比较大，而且更需要具备制订工作计划以及解决实际问题的能力。

我们对职业进行粗略的分类，将其分为实用型、研究型、艺术型、社会型、企业型和事务型六种不同类型，分别对其职业人员的职业能力要求进行分析，如表 5-2 所示。

表 5-2 职业类型与职业能力要求

类型	喜欢的活动	重视	职业能力要求	典型职业
实用型（R）	用手、工具、机器制造或修理东西。愿意从事实用型的工作、体力活动，喜欢户外活动或操作机器，而不喜欢在办公室工作	具体实际的事物，诚实，有常识	使用手工或机械技能对物体、工具、机器、动物等进行操作，与"事物"工作的能力比与"人"打交道的能力更为重要	园艺师、木匠、汽车修理工、工程师、军官、兽医、足球教练员

续表

类型	喜欢的活动	重视	职业能力要求	典型职业
研究型（I）	喜欢探索和理解事物，喜欢学习研究那些需要分析、思考的抽象问题，喜欢阅读和讨论有关科学性的论题，喜欢独立工作，对未知问题的挑战充满兴趣	知识、学习、成就、独立	分析研究问题、运用复杂和抽象的思考创造性地解决问题的能力，谨慎缜密，能运用智慧独立工作，具备一定的写作能力	实验室工作人员、生物学家、化学家、心理学家、工程设计师、大学教授
艺术型（A）	喜欢自我表达，喜欢文学、音乐、艺术和表演等具有创造性、变化性的工作，重视作品的原创性和创意	有创意的想法，自我表达，自由，美	创造力，对情感的表现能力，以非传统的方式来表现自己，相当自由、开放	作家、编辑、音乐家、摄影师、厨师、漫画家
社会型（S）	喜欢与人合作，热情关心他人的幸福，愿意帮助别人成长或解决困难，为他人提供服务	服务社会与他人，公正，理解，平等，理想	人际交往能力，教导、医治、帮助他人等方面的技能，对他人表现出精神上的关爱，愿意担负社会责任	教师、社会工作者、牧师、心理咨询师、护士
企业型（E）	喜欢领导和支配别人，通过领导、劝说他人或推销自己的观念、产品而达到个人或组织的目标，希望成就一番事业	经济和社会地位上的成功，忠诚，冒险精神，责任	说服他人或支配他人的能力，敢于承担风险，目标导向	律师、政治运动领袖、营销商、市场部经理、电视制片人、保险代理
事务型（C）	喜欢固定的、有秩序的工作或活动，希望确切地知道工作的要求和标准，愿意在一个大的机构中处于从属地位，对文字、数据和事物进行细致有序的系统处理以达到特定的标准	准确、有条理、节俭、盈利	文书技巧，组织能力，听取并遵从指示的能力，能够按时完成工作并达到严格的标准，有组织有计划	文字编辑、会计师、银行家、书记员、办事员、税务员和计算机操作员

1. 实用型职业

实用型职业主要是指工业、建筑业、手工业等行业，如园艺师、木匠、汽车修理工、工程师、军官、兽医、足球教练员等。实用型职业同样属于专业性较强的职业，它要求其从业人员在牢固掌握专业知识的基础上，对相近专业的知识要比较了解，并有较好的计算机应用能力、语言表达能力和理论应用实际的能力；要求从业人员使用手工或机械技能对物体、工具、机器、动物等进行操作，与"事物"工作的能力比与"人"打交道的能力更为重要；要求从业人员有不辞劳苦、艰苦奋斗的创业精神和严肃认真、一丝不苟的求实工作态度。

2. 研究型职业

研究型职业属于专业性较强的工作，主要是指科研人员等，如实验室工作人员、生物学家、化学家、心理学家、工程设计师、大学教授等。在职业能力中，对专业能力的要求较高。它是一种创造性劳动，因此，要求从业人员具备以创造力为核心的知识结构；具备分析研究问题、运用复杂和抽象的思维创造性地解决问题的能力，谨慎缜密，能运用智慧独立工作，具备一定的写作能力。

3. 艺术型职业

艺术型职业主要是指作家、编辑、服装设计师、音乐家、舞蹈家、摄影家、书画家、雕刻家、广告设计师、室内装潢设计师等。艺术型职业在知识和能力方面对从业人员的要求是：能博采众长和广泛涉猎；具备创造力和对情感的表现能力，以非传统的方式来表现自己；具有敏锐的观察力、丰富的想象力、坚强的毅力、得天独厚的艺术天赋、不断的创新精神。

4. 社会型职业

包括教育人、救死扶伤、提供公共服务、协调人际关系、为人民提供生活便利的工作，如教师、护士、社区工作者、咨询师、城市市场管理者、广播电视工作者等社会公共服务人员。社会型职业的分类中包含的职业比较丰富，是一个既需要较强的专业知识，又要求具有较高的通用能力的职业类型，具体的要求因不同职业而异。其共同点在于应该具备广泛的知识面和职业要求的专业知识，如教导技能、医治技能、帮助他人技能；还需要有一定的理解能力、社会交往能力、组织协调能力、自身形象设计能力和文字表达能力等，具有对他人表现出精神上的关爱和愿意担负社会责任的精神。

5. 企业型职业

企业型职业主要是指律师、国家机关领导人员、政治运动领袖、营销商、市场部经理、电视制片人、保险代理等。这种类型的职业比较重视通用能力，同时强调专业能力。忠于贯彻国家的方针政策并能灵活运用，有高度的公众意识；具备坚实的管理专业理论和实际知识，同时具有较广博的自然知识和社会知识；具备一定的领导、组织协调能力和社会才能，以及中外语言文字表达能力；具有说服他人或支配他人的能力，敢于承担风险，以目标为导向；具有健康的身体和充沛的精力，以应付千头万绪和千变万化的工作。

6. 事务型职业

与组织机构内部日常的制度性、规范性、信息传播等有关的事务处理的职业活动，如打字员、档案管理员、办事员、秘书、图书管理员、法院书记员、会计师、税务员和计算机操作员等。事务型职业也可归为专业性较强的职业，但其专业能力相对于研究型而言比较容易上手。它在知识方面侧重基础文化知识，对职业技术的专业知识有较具体的了解，要懂得统计、档案管理知识，熟悉专门法规和规章条例，一些涉外单位对外语也有较高的要求。在通用能力方面，则要求具有较高的社交能力、语言表达能力和文书技巧、组织能力，以及听取并遵从指示的能力，能够按时完成工作并达到严格的标准，有组织有计划，具备干练的办事能力等。

三、职业能力提升

正如能力三核（知识、技能、才干）所呈现的那样，虽然懂得了理论，但也只是掌握了"知识"，要真正锻炼属于你的"技能"，如果在过程中能发掘自己的"才干"，那就找到了大学生涯乃至未来职业生涯、人生之旅的"利器"。

（一）刻意练习

研究表明，只要方法得当，任何一个人都可以被训练成任何一个领域内的高手。高手是练出来的，而且通过观察各个领域最好的训练方法的共性，科学家们总结出一套统一的练习方法，即"刻意练习"。

首次提出"刻意练习"这个概念的是美国佛罗里达大学心理学家埃里克森。刻意练习的理论指出，专业级水平是逐渐练出来的，而有效进步的关键在于找到一系列的小任务，让受训者按顺序完成。这些小任务必须是受训者正好不会做，但是又正好可以学习掌握的。完成这种练习要求受训者思想高度集中，这就与那些例行公事或带娱乐色彩的练习完全不同。

1. 在"学习区"练习

把人的知识和技能分为三个圆形区域，如图 5-3 所示。最内一层是"舒适区"，是已经熟练掌握的各种技能；最外一层是"恐慌区"，是暂时无法学会的技能，两者中间则是"学习区"。只有在学习区里面练习，一个人才可能进步。有效的练习任务必须精确地在受训者"学习区"内进行，具有高度的针对性。比如，你想练成一个滑冰高手，但是如果一直练习已经掌握的动作，就不会有大的提升，只有不断练习有难度的动作，让自己处在学习区，才能慢慢成为一个滑冰高手。所以，真正的练习不是为了完成运动量，练习的精髓是要持续做自己做不好但又能学会的事。

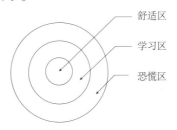

图 5-3 知识和技能的三个区域

2. 大量重复的训练

不断重复是最大的秘诀，正如学英语背单词一样。现实中总有很多学英语的秘籍，你可能在大学校园里看到过很多。以快速背单词为例，要想持久记忆，需要大量重复的训练才能达到。

3. 持续有效的反馈

刻意练习时，最好有一个好的反馈者能持续给你意见，或者是自己给自己当教练。训练时，以一个旁观者的角度观察自己，每天都有非常具体的小目标，需要对自己的错误极其敏感，并不断改进。

4. 练习时需要精神高度集中

刻意练习没有"寓教于乐"概念。真正有效的练习必须是精神高度集中，建议你最好找一个安静的环境，图书馆、自习室都是不错的场所。现在移动互联网如此发达，一边刷着微信朋友圈，一边听英语听力，很难真正达到效果。真正的练习，每次最多 1~1.5 小时，每天最多 4~5 小时，你成为"学霸"还是"学渣"的关键是你的单独练习，而不是一起上过的大课。

（二）不断学习新信息

通过不断学习获取新的信息，开阔自己的视野，可以拓宽"观察框架"；通过了解新的思考逻辑，掌握更多的规则，可以更新"思考路线"；通过借鉴新的观念，形成新的习惯，修正自己的"价值导向"。不论是思维能力、人际交往能力、合作能力、领导能力、信息能力，都能通过学习得到提高。网络中的信息及时性强，但可能会有点碎片化，阅读网络书籍是获得新信息的方法，书籍中的知识系统性强。

（三）自我反思

反思即对自己固有的想法和曾经做出的行为和选择进行思考，从中总结经验教训。通过反思，我们得以发现自己内心世界深处隐藏的成见、假设、逻辑、规则，借此可以对其有效性加以检视，反思是批判性思维所需的必要品质之一，反思也可以让我们以开放的心灵接纳不同的意见。孔子说，"吾日三省吾身：为人谋而不忠乎？与朋友交而不信乎？传不习乎？"孔子的这种做法即是一种反思，每日对自身的行为进行评判，分析今日是否有不当的言行，进一步思考这种不当行为产生的原因就可以发现自己内心的局限。当然，我们在进行反思的时候，不应该仅仅局限于孔子所提及的这三个方面。

（四）尝试新环境

可以尝试一个新环境，旧的行为模式、思维模式都是建立在旧环境的基础之上的，换一个新环境有利于打破僵化的思想，得到新的体悟，这能为树立批判性思维创立外部条件。人们需要有意识地创造条件，让自己有在各种环境下工作、生活或旅行的经历，体会各种自然和人文景观、文化、风土人情、生活方式，获得新的知识。文艺工作者有一种工作方式叫

"采风"，泛指采集一切民间的创作与风俗，在不同的环境中，接受不同的思维方式，在创作上吸取新鲜的养分，这既是"尝试新环境"的作用，也是当代文艺生生不息、蓬勃发展的动力之一。

（五）直面困境

积极地面对问题、困难与挑战，积极地分析原因，是个人学习、提升的重要契机。人在困境中往往能发现自己的不足之处，此时有针对性地进行提高训练往往比平时的努力还要有效。只有离开舒适区，才会有更快的成长，面对困境是成长的很好机会。

（六）情景规划

情景规划是指开发一系列新的情景，在某种现如今不存在的背景下思考具体问题。这种方式有利于练习者以新的视角或方式观察世界。从某种意义上讲，情景规划法的特别之处就在于它能提高练习者统筹全局的能力。

（七）深度会谈

相对于个人学习，与他人进行交流，更能让自己"豁然开朗"，正如人们常讲的"听君一席话，胜读十年书"。深度会谈是指深入、高层次、高质量的沟通、倾听与共享，其目的不是探究真相，而是在沟通交流的过程中深度地发掘自己的思想，同时接受不同于自己的观点。深度会谈有利于摒弃自己的成见，悉心倾听，并通过深入的理性思考，对我们认为理所当然或顺理成章的经验、工作程序、方法或假设提出质疑，借以发现隐藏在事物背后的真正规律。

第二节　团队合作

通过学习本节内容，学生能够清楚团队合作的概念及其在职业发展中的重要性；通过活动练习，树立团队合作意识，学习建立高效合作团队，掌握团队合作技巧。

【案例引入】

创作于1993年1月的《众人划桨开大船》这首歌，作词：魏明伦、王持久，作曲：陈翔宇，演唱：付笛声。1993年在中央电视台春节联欢晚会上首唱之后，旋即红遍大江南北，国人皆耳熟能详。其歌词寓意齐心协力、团结互助的精神。《众人划桨开大船》歌词如下：

一支竹篙耶，难渡汪洋海，众人划桨哟，开动大帆船。
一棵小树耶，弱不禁风雨，百里森林哟并肩耐岁寒。
一加十，十加百，百加千千万，你加我，我加你，大家心相连。
同舟嘛共济海让路，号子嘛一喊浪靠边，百舸嘛争流千帆尽。
波涛在后，岸在前，一根筷子轻轻被折断。

十双筷子牢牢抱成团，一个巴掌拍也拍不响，万人鼓掌声呀声震天。

一加十，十加百，百加千千万，你加我，我加你，大家心相连……

【理论讲解】

一、团队合作的本质

（一）团队合作

团队合作是指为了实现某一目标而由相互协作的个体所组成的正式群体，通过共同合作完成某项事情。通常表现为群体中个体之间密切合作、配合默契；听取相关意见，共同决策和共同协商，行动中相互联系和相互协作；在变化的环境中担任各种角色；经常评估团队的有效性和成员在团队中的作用。团队合作注重调动团队中每个成员的积极性。

练习5-1　画一只兔子

6~8人一组，时间10分钟。说明活动规则：全程不许说话，只能用非语言表达，到时间必须停下，每人在纸上画一笔，然后交给下一位同学继续画。结束后评比出哪组画的兔子最生动形象、哪组画的兔子最美丽、哪组画的兔子最富有创意。

每组选择一名观察员，观察员必须记录在画画过程中，小组内发生的状况，如主意是怎样产生的？分歧是怎样解决的？每个成员在活动中的表现和贡献如何？有无违反规定（如说话）？

6分钟后叫停，请各组成员自由走动去观摩其他小组画的兔子，然后回到自己的小组中，每组推荐一个人代表小组向全体推介自己组画的兔子，说明兔子的名字是什么，为什么叫这个名字，以及画兔子过程中的感受。

分享完后，邀请每组观察员将过程中观察到的组内发生的状况说出来，引发小组成员的思考。

老师总结时，强调团队成功需要合作，合作需要投入，需要找到自己的位置，需要扬长避短，需要配合默契，需要创意；然后协助各小组整理活动所得。

团队合作通常是一群有能力、有信念的人组成的特定团队，是为了一个共同的目标相互支持合作的过程。它可以调动团队成员的所有资源和才智，并且会自动去除所有不和谐与不公正现象，同时会给予那些无私的奉献者适当的回报。《易经》中有云"二人同心，其利断金"。

（二）团队合作的主要内容

在团队合作的过程中，团队信息传递和反馈，跨文化的支持、理解和协调，明晰团队角色和任务，领导团队排除干扰和适时调整工作计划是其主要内容。当团队合作是出于自觉和自愿时，它必将产生一股强大而持久的力量。《吕氏春秋》中有云"万人操弓，共射一招，招无不中"，可见团结合作的力量早在秦朝就开始利用。

（三）积极培养团队精神

对于大学生而言，在学习过程中，独立思考学习的时间比较多，但在生活、实习实践或学校社团工作中蕴含着大量团队合作的工作机会。有些人会比较积极地参与并很快领会和把握要领，但有些人在心理认知或客观环境上有某种局限，阻碍团队合作能力的发展，不过通过有意识地练习是可以迅速改善的，如参加文体活动、组织或参与工作小组、组织或参与社会活动。

1. 组织或参与工作小组

针对具体工作和当前的重点问题，可以提议成立工作小组解决某项问题。如果自己能参与针对某个问题的工作小组，也是学习观察的好机会。在这样的团队中工作可以体会到：团队是有明晰的任务和目标的、团队成员是如何沟通的、团队领导的方式和效果、自己在团队中的角色、其他团队成员的角色、如何形成默契配合、发生冲突时的解决途径、团队的成长和自己的认识提高等。

2. 组织或参与社会活动

大多数人不愿意参加社会活动或公益性活动，主要是价值取向上觉得不够实际。实际上参加一定的社会活动是非常有益和健康的。对于未来职业发展而言，如果你现有的角色不能给你组织团队的机会，在社会活动中寻求这样的机会未尝不可。这对于提升视野和获取经验、扩大社交圈都有益处。在这个团队中可以体会到：经验的新颖互补性、锻炼自己的机会、团队成员的不同背景和各自优势、团队的组织方式、共同价值观在团队中的作用等。

团队精神不是一种口号，而是每个队员对于某些问题的共同价值观以及在关键问题上的一致理解与行为。1894年李鸿章的北洋舰队与日本作战。北洋舰队作为一个团队，需要得到当时的清政府这个大组织的支持。然而，北洋舰队被日本全线打败后，清朝皇族却拍手相庆，说是终于消灭了汉人的军事实力。通过这些，我们可以想象李鸿章在抗击日本侵略者时的艰难与痛苦。作为清政府军事力量的一部分，北洋舰队只有获得内部的鼎力支持，才可能产生巨大的力量。

2020年，在抗击新冠肺炎疫情的斗争中，在中华民族这个大团队中，以习近平同志为核心的党中央坚强领导，统一指挥部署，统筹调度全国人力、物力、财力抗击疫情；全国各省市全力做好本地防疫工作的同时，调遣四万余名白衣战士及无数医疗设备、防护物资驰援湖北；全国各地区、各部门、各团体、社会各界及港澳台同胞和海外华侨华人，心往一处想、劲往一处使，以各种方式为疫情防控操心出力。一架架飞机、一辆辆卡车、一队队人员、一批批物资、一笔笔捐款、一声声加油，汇成了势不可挡的抗疫洪流，生动展现了中华民族举国同心的团结伟力。

二、高效团队合作

(一) 高效团队合作特征

正所谓"一个和尚挑水喝,两个和尚抬水喝,三个和尚没水喝"。高效团队合作具有多种特征,如图5-4所示。

图 5-4 高效团队合作的特征

1. 有清晰的共同目标

一个高效团队,首先要有明确的共同目标,这是保持团队内部平衡,迅速稳定前行的基础。任何决策和手段,以及团队中的个人,都要紧紧围绕这个共同目标而行动。一个无明确方向和领导的团队,极易崩溃于内耗之中。清晰的目标可以激励个体为实现团队目标而调整个人关注的重心。在高效团队中,成员为团队目标奉献自己的力量,他们清楚地知道团队希望自己干什么,以及成员之间如何相互协作以实现最终目标。正是因为团队的共同目标,会使团队之间产生一种必然的竞争状态。也正是这种竞争状态,使团队之间形成壁垒,并强化团队成员的内部认同与协作。

2. 成员的相关技能互补

团队的高效性需要一群能力很强的成员来保证。团队成员应具备实现理想目标所必需的技能,以及相互之间良好合作的个性品质。成员之间有一些技能高度互补,可以促使任务的更好达成。这就犹如一个交响乐团,每个人各司其职,最终的结果便是奏出一曲美妙的音乐。毛泽东也讲过:一个篱笆打三个桩,一个好汉要有三个帮。

3. 成员之间相互信任

成员之间相互信任是高效团队的显著特征,每个成员对其他人的品行和能力都深信不疑。只是信任的建立需要一个长期的过程。

4. 团队内部有统一承诺

在高效团队中,成员会对团队表现出高度的忠诚与奉献精神。团队成员会有比较强的团队归属感，并能够彼此亲近。人生许多美好的时光，正是在团队中度过的，那些能够带来美好时光的团队，一定是具有较好内部承诺的团队。

5. 团队内部沟通良好

团队成员之间以他们可以清晰理解的方式传递信息，这些信息包括语言与非语言信息，这些沟通表现为成员彼此之间的积极反馈互动。

6. 成员的谈判技能

作为一个团队整体，很多时候内部分工并非如岗位职责般清晰，为此需要成员具有谈判互动技能，团队成员之间达成一种比较默契的、能够完成任务的合理分工。

7. 团队有合适的领导

强有力的领导者可以为团队增添凝聚力。

8. 有团队内部、外部适当支持

团队绩效的达成，需要获得来自外部的支持，包括团队所在组织、所在集团等；也需要内部的支持，包括使团队成员达成自组织状态的一套合乎团队特征的管理规范、评估和激励体系。

高效团队合作需要发挥成员之间的合作能力，取得"加法"甚至"乘法"的效果，最终达成产出产能的平衡，获得产量、效率、产出率等方面的最大收益。

（二）个人团队合作能力区分

1. 一级

尊重其他团队成员，努力使自己融入团队；将个人努力与实现团队目标结合起来，完成自己在团队中的任务，以实际工作支持团队的决定，成为可靠的团队成员；为完成工作和团队成员进行非正式的讨论，在团队做决策时提出自己的建议及理由，尊重、认同上级认为是重要的事情并执行其相关决策；作为团队一员，随时告知其他成员有关团队活动、个人行动和重要的事件，共享有关信息；认识到团队成员的不同特点，并且把它作为可以接触、学习知识与获取信息的机会。

2. 二级

根据工作需要组建小型团队，营造开放、包容和互相支持的气氛，加强集体向心力；为团队成员示范所期望的行为，并采用各种方式提高团队的士气和改进团队的工作效率。确保团队任务的及时完成；明确有碍于达成团队目标的因素，并试图排除这些障碍；鼓励团队成员参加团队讨论与团队决定，倡导团队内部的沟通和合作，以推进团队目标设定与问题解决；指导其他成员的工作，对其他团队成员的能力和贡献抱着积极的态度，用积极的口吻评价团队成员；能够利用正式或非正式的沟通渠道及现有的信息系统在团队内部进行知识和信息的交流与共享。

3. 三级

根据组织的战略目标确定团队建设的目标、规模及责任，在全体团队成员中促成理解、达成共识，并得以贯彻实施；确保团队的需要得到满足，为团队争取所需要的各种资源，如人力、物力、财力或有关信息等；确保团队成员之间的能力和知识的互补，在分配团队任务的时候，既照顾到团队成员的发展，又能实现团队的目标；化解团队中的冲突，维护和加强团队的名誉；通过团队内有效合作及适当的竞争提高团队的整体绩效。

4. 四级

具有个人魅力和领导气质，能够指出组织或团队的发展方向和目标，使团队成员充满工作激情，愿意为团队目标的实现竭尽全力；对团队成员有全面的认识，有效地应用群体运作机制，从而引导一个群体实现团队目标；有目的地创建互相依赖的团队合作精神，在团队之间合理有效地调配资源，加强不同目标和背景的团队之间的配合，以促成组织整体业务目标的实现；采取行动，在组织中营造精诚合作与公平竞争的氛围；通过各种手段，如设计团队标志等，塑造健康优秀的团队形象，使组织或团队被外界或有关组织认同和推崇。

三、团队合作的技巧

（一）平等友善

团队成员相处的第一步便是平等。不管你是资深队员，还是新进队员，都是平等的关系，相互之间真诚相待，赢得团队成员的信任，诚信、平等、友善是团队成员之间相处共事的基础。

（二）善于交流

同在一个团队中，你与团队成员之间会存在某些差异，知识、能力、经历造成你们在对待和处理工作时，会产生不同的想法。交流是协调的开始，把自己的想法说出来，听听对方的想法。你要经常说这样一句话，"你看这事该怎么办，我想听听你的看法"。通过交流，团队目标更清晰，团队获得内、外部支持力度更大，团队成员技能互补、分工配合默契，增强团队归属感；通过交流，可以很好理解、更好执行领导意图。

（三）和谐共事

一般而言，与团队成员有点小摩擦、小隔阂，是很正常的事。但千万不要把这种"小不快"演变成"大对立"，将矛盾升级。对别人的行动和成就表示真正的关心，是一种表达尊重与欣赏的方式，团队成员之间应和谐共事。

（四）谦虚谨慎

在团队中，个人要学会谦虚谨慎，密切注意外界事物或自己的言行，正确认识自己的长处和不足，虚心听取不同意见；勇于自我批评，改正错误；勤奋学习，不断提高。只有这样，我们才能具有良好合作的个性品质，才会融入团队，奉献自己的力量，达成"加法"甚至"乘法"的效果。

第三节　有效沟通

通过本节学习内容，学生能够认识到沟通的重要性，以及在沟通中倾听、非言语表达和有效提问的重要性；了解自己的沟通和倾听能力现状，愿意付诸行动进行改善并提升有效沟通能力；掌握沟通过程、倾听的要点和有效的非言语表达技巧；学会有效倾听、并利用提问来促进沟通。

有效沟通可以帮助学生更好地处理学习、生活、工作中的事务，有效地促进与他人之间的理解与合作，缩小人与人之间的距离。沟通是一个相互的过程，我们既是信息的表达者（发送者），也是信息的倾听者（接收者）。积极倾听与有效表达是有效沟通的两个重要方面。

【案例引入】

某校举办第三届职业规划大赛，具体承办单位是招生就业文化社，具体负责项目执行的老师找招生就业文化社的社长小张询问大赛的准备情况。

小张刚刚送完评委邀请函回到办公室，就被苏老师叫到了他的办公室。

"小张，来来来，坐下，问你点关于职业规划大赛的事，大赛准备得怎么样了？"

"准备得差不多了，今天刚刚给几位评委送了邀请函。"

"送得顺利吗？"

"非常顺利，老师。"小张兴奋地说，"我花了很长时间向评委说明职业规划大赛的内容，让他们了解职业规划大赛的具体情况，决赛的具体时间安排、过程安排，并热诚邀请他们担任决赛评委，他们也都答应了。"

"不错！"老师赞许地说，"但是，你完全了解评委的情况吗？会不会临时出现变化呢？你知道我们这个职业规划大赛是学校级的，影响比较大，如果他们在决赛时不能按时参加，会耽误比赛进程，这对我们的打击会很大。你对他们的情况真的完全了解清楚了吗？他们不会不来吧？"

"调查清楚了，应该会来的，他们已经答应了呀！"小张兴奋的表情消失了，取而代之的是失望的表情。"我先在网上了解了他们上课的具体安排情况，又向同学了解了他们的个人情况，然后才去他们办公室联系的，他们已经答应了，而且我是经过您同意才去送邀请函的呀！"

"别激动嘛，小张，"老师讪讪地说，"我只是出于对你的关心才多问几句的。"

"关心？"小张有点不满地说，"老师，您是对我不放心才对吧！"

【理论讲解】

一、沟通的实质

（一）沟通的内涵

沟通是人们分享信息、思想和情感的任何过程。这种过程不仅包含口头语言和书面语言，也包含形体语言、个人的习气和方式、物质环境，即赋予信息含义的任何东西。沟通是人与人之间、人与群体之间思想与感情的传递和反馈过程，沟通的目的是信息共享、思想传递、感情交流。

沟通是一种信息交换的过程。它包括信息发送、信息传递、信息接收和信息反馈等四个过程，如图5-5所示。发送的信息通常有三种形式：语言、非言语、书面。这些信息会通过一定的渠道，比如面谈、微信、QQ、电话、会议、演讲等方式传递给他人。当他人接收这些信息后，会对这些信息进行重新解释，并给信息发出者提供言语的、非言语的或书面的反馈。在实际的沟通过程中，沟通双方往往交替成为信息发送者和接收者，发生互动。沟通的四个过程中的任何一个都会影响沟通的效果。因此，要达到有效沟通，这四个方面都需要重视。

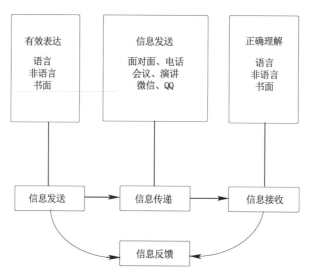

图5-5 沟通过程示意

沟通包含了沟通的内容、沟通的方法、沟通的动作。就其影响力来说，沟通的内容占不到1/10，影响力最小；沟通的方法占2/5；沟通的动作占1/2，影响力最大。口头和书面沟通属于语言沟通，非语言沟通包括声音、语气、语调、肢体动作等，实际生活中语言沟通和非语言沟通结合起来使用才能达到有效沟通的效果。为了获得理想的沟通效果，沟通双方往往选择双方都知道的信息点进行交流，不断扩大达成共识的话题；选择沟通双方都容易接受的信息点进行交流，适度表达自己的信息点并主动观察、征求反馈意见；共同探索未知的又好奇的信息点。总之，沟通就是要求同存异，面向未来。

在沟通过程中，我们要明了自己的观察、感受和愿望，有意识地使用语言，诚实、清晰地表达自己，尊重与倾听他人。在互动中，我们能聆听自己和他人心灵深处的呼唤。它促使我们仔细观察，发现正影响我们的行动和事件，并提出明确的请求。

练习 5-2

学生自由组合，2人一组，进行2~3分钟的相互交流，交谈的内容不限。时间结束后，各小组成员彼此说一下对方有什么非语言表现，包括肢体语言或表情，比如有人会时不时摸摸下巴，有人会不停眨眼，有人会不时地用手做出一些动作。然后提出下列问题。

(1) 做出无意识动作的人是否注意到了自己的这些行为？
(2) 交谈的内容是哪一方面的？是相互熟悉的吗？
(3) 你是否感受到对方心灵深处的呼唤？

(二) 沟通的作用

沟通是我们生活的主要部分，我们生活中大部分时间是在沟通。克里斯·科尔在《沟通的技巧》一书中讲到，"我们所做的每件事情都是在沟通"。可见沟通的重要性。

人是社会性的动物，不能脱离其他个体而存在，每个人都有与人沟通、被人倾听和理解的心理需求，通过沟通我们表达自己最深的感受和需要，如果失去沟通，人们会出现一些生理症状。

沟通能帮助人们消除人和人之间的误解，并积累重要的人脉关系，从而为自己事业成功打下基础。沟通可以促进信息的交换，扩展我们看问题的广度和深度，为正确的决策打下基础。在生活中，我们总在进行着各种各样的决策，一个人的知识和经验是有限的，因此当人完全依靠自己的判断来决策时，很有可能有所偏颇，这时，与师长、朋友、相关领域专家、同事进行积极、有效、深入的沟通至关重要；在团体和企业中，做到上下通达的有效沟通至关重要，沟通对团体和企业的决策同样重要。每个人都渴望被理解，尤其当自己的想法和愿望与他人不一致时，获得理解与支持最直接的方法就是沟通。沟通也是确保组织目标顺利实现的关键因素之一。

练习 5-3 撕纸

10~12人组成一个小组，第一次，给每个组员发一张A4纸，在整个活动中，组员不允许提出任何问题，请所有组员闭上眼睛。然后把纸张对折，把右上角撕下来，再对折，撕下纸的左下角，再对折，撕下纸的左上角；睁开眼睛，把纸张打开。老师提问：为什么有这样的差异？

第二次，请一位组员重复上述活动指示，唯一不同的是这次组员可以自由提问。打开纸张后，观察结果，老师又问：为什么有这样的差异？

老师总结：在日常学习、生活、工作中，如果经常用单向沟通（接收者），往往只会按照自己的理解而行，最终会导致事情的发展和实际要求出现很大的差异，而使用双向沟通之后，差异大大减少；但是差异依然存在，因为还有其他影响沟通的因素存在。

二、积极倾听

（一）聆听的作用

倾听可以获取重要信息，包括谈话内容、对方的情感，想要听出谈话背后的意思，需要高度注意、联系语境或语气才能得到。通过倾听，我们可以明白对方的观点是什么，听懂之后我们才能表达自己的观点，做出准确的评论。在倾听的过程中，你能够发现讲话者的初心和需求，在你说服对方时，你就能够抓住谈话的关键点，让对方感受到你的意见充分考虑了他的需求和见解，他们会更愿意接受，从而获得友谊与信任，即善听才能善言。通过倾听，我们将意识到他人的人性以及彼此的共同之处，这会使自我表达变得更容易。我们越是倾听他人语言背后的感受和需要，就越愿意与他们坦诚地沟通，倾听使我们勇于面对自己的弱点。倾听他人有助于对他人的理解和接纳。

积极倾听者通过非语言方式表达自己的观点，以促使对方的思维更加灵活敏捷，让说话者觉得自己的话有价值，愿意说出更多、更有用的信息，启迪说话者产生更深入的见解，双方都会受益匪浅。

（二）听与听

听是用耳朵接收各种听得见的声音的一种行为，只有声音，没有信息，是被动的。倾听时可以获得信息、了解情感，是主动的。忽视地听、假装在听、有选择地听是不可取的，而专注地听、同理心倾听值得推荐。

同理心倾听是从对方的角度去听，通过用心倾听及回应来了解对方的动机和感受。倾听者暂时放下自己主观的参考标准，以对方的思考角度看事物，以对方的处境来体谅对方的思想行为，了解对方因此产生的单方面感受，不一定认同对方的所有观点，但会尊重他的观点，理解并接受对方的切身感受。专注地听是从自己的角度去听，专注于对方所说的话，并以自己的经历为参照进行比较。专注地听大多数时候可以在说话者和倾听者之间产生共鸣。

（三）倾听中的注意事项

在倾听他人的时候，了解他人的观察、感受、需要和请求，并给予反馈。在听的过程中保持持续的关注，为对方的充分表达创造条件。我们可以主动表达我们的理解，帮助对方了解我们是否明白他们的意思。无论对方用怎样的词语表达自己，我们都可以用心体会他们的观察、感受、需要和请求。

1. 消除干扰

外在和内在的干扰，保持环境的安静，把手机等调成静音状态，把注意力完全放在对方的身上，掌握对方的肢体语言，明白对方说了什么，以及对方的话所代表的情感与意义。

2. 对方优先

让对方先说，对方会觉得我们很尊重他的意见，有助于我们建立融洽的关系，彼此接纳；鼓励对方先开口可以降低谈话中的竞争意味；我们的倾听可以培养开放的气氛，有助于彼此交换意见；对方先提出他的看法，能掌握双方意见一致之处，然后很好表达自己的意见。非必要时，避免打断他人的谈话。当我们武断地打断别人的时候，可能无法完全理解对方的意思。

3. 注意观察

观察肢体语言，自然地微笑，身体稍微前倾，常常看对方的眼睛，并点头；倾听时，尊重他人的心理空间，保持适当距离，会让他人感到更安全、更舒适，表达也会更放松；很多人都不敢直接说出自己真正的想法和感觉，他们往往会运用叙述或提出疑问的方式，百般暗示，以此来表达自己内心的看法和感受，遇到暗示性强烈的话语，鼓励说话的人把话说得再清楚一点。

4. 听关键词

透过描绘具体事实的字眼，可以看出对方喜欢的话题，这些字眼透露某些信息，同时也显示对方的兴趣和情绪，也可以帮助我们决定如何回应对方的说法。

5. 关注重点

抓住主要意思，注意分析哪些内容是主要的，哪些是次要的，以便抓住事实背后的主要意思，避免造成误解。

6. 鼓励他人

用自己的话重复对方说话的内容，简要地述说对方的重点，让对方觉得自己很重要，能够掌握对方的重点，让对话不至于中断；体会对方情绪，将其话语背后的情感复述出来，表示接受并了解他的感觉；要注意信息反馈，及时查证自己是否完全理解了对方的意思，以便更好地理解后面讲话的内容。

反馈时可以采用的句式："如果我没理解错的话，你认为……""你似乎是……""你是不是觉得……"其实鼓励他人最简单、直接、有效的方式就是微笑。

7. 善于提问

有效提问是倾听的前提。恰当地提问会避免问到无用的问题，可以使用一些中立性的、不具挑战性的问题和探索性问题沿着你所关心的话题进行深入探索。比如"发生了什么事？""你做了些什么？""那是如何发生的？""能否告诉我关于这件事的更多信息？"用问话帮助说话者澄清不够明确的表达。使用这样的问话来引导对方进行澄清，"我们怎样做你才能接受呢？或者你给我一些具体想法，告诉我你不能接受的原因。"

练习 5-4

学生自由组合，2 人一组，使用倾听技巧，进行 2~3 分钟的交流，交谈的内容不限。

交谈结束后，请学生们彼此说一下，作为倾听者的时候，使用了哪些倾听技巧，自己是否抓住了对方的讲话重点；作为说话者的时候，自己是否感受到积极倾听者给予自己的鼓励，对方是否抓住了自己讲话的重点。

三、有效表达

话是说给别人听的，用简单的语言、易懂的言辞来传达信息，掌握说话的时机，了解说话的对象，选择合适的方式，达到有效表达的目的。有效表达分为非语言表达、语言表达和书面表达。

（一）非语言表达

在有效表达的过程中，面部表情、身体姿势、空间距离、衣着仪表、声音特征等属于非语言表达，非语言表达要和谐一致。

目光：眼睛要诚恳而沉稳地看着对方。姿势与动作：昂然站立，放松自己，自然而轻松地移动；抬头挺胸，肩膀、臀部和双腿站成一条直线，让你的精神向前倾注。最自然的方式是两手自然下垂，放在腰际。保持良好的坐姿，上身略微前倾，手放置在椅背上，不要随意滑动。你的双手动作尤其重要，柔和的手势表示友好、合作。脸部表情：谈话时要轻松自然，记得要保持微笑。衣着与仪表：衣着要注意与时间、地点、目的相匹配。在衣服的色彩搭配上，一般来说，黑、白、灰三色是配色中最安全的颜色。声音与语气：让你的声音带着精力与热诚，设法让语调、节奏和声音的大小有所变化。为吸引注意力可以使用合宜且清楚的语言，中间可有停顿，抑扬顿挫表明热情，突然停顿是为了制造悬念。语言要尽量直接而中肯，面对非专业人士尽量避免使用专业术语。尽量避免使用长句子，20字左右最易使对方明白你所要表达的主要观点。

在非言语表达中，一个舒心的微笑是友好、热情，并愿意进行沟通的强有力的暗示，展示你热情开放的交谈态度；张开双臂表明你是友好的，并愿意与人接触，让他人感觉到你在听他讲话，并能够接受；交谈时，身体轻微前倾表明你正在听对方讲话，对其很感兴趣，对方将愿意继续与你交谈，但不要太近、太快地侵犯他人的私人空间；热情而有力地握手表达了你对见到的人持一种热情而友好的态度；眼睛是心灵的窗口，自发的眼神交流，能传递内心的信息；点头表达了你正在听，并能理解对方所谈的内容，但不一定意味着赞同。当两个人和睦相处时，你会发现他们之间肢体语言的运用是非常频繁的，而且一个人的肢体语言是其他人肢体语言的反应。他们的坐姿相似，这种一致性会促进沟通，帮助建立融洽的人际关系。

（二）语言表达

现实生活中，良好的言语表达能力是大学生驾驭人生、创造美好生活、追求事业成功的必备能力，是通往成功之路的必要途径。提高语言表达能力要多说、多听、多看、多背、多想、多编。

积极大胆与别人说话，平时积累一些自己擅长的话题，平时要留意观察别人的话题，了解吸引人的与不太吸引人的话题，扩充自己的知识领域，多看书，多参加集体活动，这样可以多和人沟通交流。多去听讲座，听新闻，学习别人的语言表达技巧。这样你就可以获取大量丰富的信息，这些信息经过大脑的整合、提炼，就会形成语言智慧的丰富源泉。多看电影、书报以及谈话类节目，还可以看现实生活中各种生动而感人的场景，学习其他人的说话方式、技巧和内容，特别是影视、戏剧、书报中人物的对话，它们源于生活、高于生活，可以为你学习说话提供范例。多背诵能训练你形成良好的语感，多背诗词格言、谚语等，它们的内涵丰富、文字优美，背多了就会慢慢形成自己的生动语言。多想是让思维条理化，很多时候我们不是不会说，是不会想，想不明白也就说不清楚。在说一件事、介绍一个人之前，想事情发生的时间、地点和经过，想人物的外貌、特征等，有了比较清晰的思维，语言才会更加条理化。善于编写可以提高自己的语言思考和说话能力，以及语言创新能力。

在语言表达中，留意观察沟通双方发生的事情，清楚地表达观察结果，表达自己的感受。

（三）书面表达

书面表达可以给沟通双方充足的时间来丰富和修饰自己的表达内容。书面表达的材料比口头材料更容易复制、传递和保存，但是沟通的周期较长，获得沟通的反馈信息较慢，而且书面表达对信息准确性的要求更高，所以使用的频率不高。随着电子邮箱、微信、QQ等网络信息平台的建设，反馈信息能够快速传递，沟通的周期也在不断缩短，为书面表达提供了便利。书面表达主要是商务信函、新闻报道稿件等，其内容的主要要求是正确、清晰、完整、简洁。

第四节　时间管理

通过学习本节内容大学生能够认识到时间管理的重要性，面对现状，愿意做出改变；理解时间管理原则是第一要事，然后要有明确的目标；掌握日程安排方法，有效利用时间的技巧。

【案例引入】

一位人工智能学院软件技术专业的学生薛阳，找班主任老师聊天谈心。

薛阳：老师，我最近很难受。

老师：怎么了？发生什么事情了？

薛阳：老师，我天天就是不想干正事。早上很晚起床，晚上很晚睡觉，睁开眼就打开手机，然后刷微信、玩抖音、玩游戏，接着就吃饭、睡午觉，然后又玩。上课也不能用心听讲，时常玩手机。最近越来越听不懂上课的内容了，然后越来越不想听，作业也不会做只能抄同学的。自己也想努力改变，给自己写计划，但计划无法落实执行，感觉很难受，很讨厌自己。我现在觉得自己的学习生活一团糟，而且越来越严重。我到底是怎么了？

老师：那你理想中的自己是什么样的？

薛阳：我理想中的自己应该是早睡早起、认真听课、好好写作业、多参加活动、学好英语。

老师：为了成为理想中的自己，你需要做一点改变，你想从哪里开始？

薛阳：先从早睡早起开始吧！

……

【理论讲解】

一、时间概念

（一）时间是人根据物质运动来划分的

在古代，光阴表示时间。时间是一种客观存在。时间的概念是人类认识、归纳、描述自然的结果。在古代中国，其本意是四季更替或太阳在黄道上的位置轮回，《说文解字》中说：时，四时也；《管子·山权数》中说：时者，所以记岁也。

时间是人根据物质运动来划分的。时是用来描述一切运动过程的统一属性，物质运动需要耗费"时"，"间"是人为的划分。时间是对物质运动进行的一种划分，是人定的规则。时间涵盖了运动过程的连续状态和瞬时状态，随着认识的不断深入，时间的概念涵盖了一切有形与无形的运动。当一个点相对于某坐标系运动时，其运动所形成的直线、线段或曲线就是相对于该坐标系静止的点的时间之一。图5-6中，小球从 A 点运动到 B 点耗费2个小时，那么，小球从 A 点运动到 B 点的时间是2个小时；从 B 点运动到 C 点耗费2个小时，那么，小球从 B 点运动到 C 点的时间是2小时；小球从 A 点运动到 C 点的时间是4个小时。

图5-6 小球运动时间

我们把地球绕太阳一周的运动过程划分为一年；地球自转一圈的运动过程划分为一日。顾炎武在《日知录》中说，"自汉以下，历法渐密，于是以一日分为十二时，盖不知始于何人，而至今遵而不废……然其曰夜半者即今之所谓子时也，鸡鸣者丑也，平旦者寅也，日出者卯也，食时者辰也，隅中者巳也，日中者午也，日昳者未也，哺时者申也，日入者酉也，黄昏者戌也，人定者亥也。一日分为十二，始见于此。"北宋时开始将每个时辰分为"初""正"两部分，分十二时辰为二十四，称"小时"。

（二）时间是公平且宝贵的

在时间上，人人是平等的。每个人每天都会有24个小时，不会多一分也不会少一秒，每个人都可以充分利用时间去实现自己的梦想。时间不以人的意念为转移，圣贤不能让在握的良辰逗留，权威无从喝令眼下的光阴缓行。英国著名博物学家、教育家托马斯·亨利·赫胥黎说：时间最不偏私，给任何人都是 24 小时；时间也是偏私，给任何人都不是 24 小时。现实中，懂得利用时间，懂得合理安排时间的人往往比那些浪费时间的人时间多。

中国现代著名诗人、学者、文学家、革命家郭沫若先生讲：时间就是生命，时间就是速度，时间就是力量。现代时间管理的先驱里恩·阿尔贝蒂曾总结，"知道怎样不浪费时间的人，能做任何事情，知道如何利用时间的人，将会是他想要的一切东西的主人"。唐朝诗人王贞白在《白鹿洞二首》中写道："读书不觉已春深，一寸光阴一寸金。不是道人来引笑，周情孔思正追寻。"《西洋记》第十一回中讲道："可叹一寸光阴一寸金，寸金难买寸光阴；寸金使尽金还在，过去光阴哪里寻？"

时间的珍贵性主要体现在其有限性上，即每个人的生命总会有一个尽头，并且不可重来。"逝者如斯夫，不舍昼夜"，生命的车轮总是在不停地驶向终点，在路程中我们需要做些什么，这是我们需要考虑的。

大学阶段是人生发展的重要时期，时间尤其珍贵。青年时期是一个美好而又一去不可再得的时期，是将来一切光明和幸福的开端。少壮须努力，老大不伤悲。我们学习的时间是有限的，时间有限，不只由于人生短促，更由于人生的纷繁。我们应该力求把所有的时间用来做最有益的事，我们需要对时间的流向引起足够的重视，只有管理好自己的时间，才能把控自己的人生。

练习 5-5

假设现在你个人的生命处于 0~100 岁，接下来我们做一个游戏。请每位同学准备一张长条纸，用笔将它分成 10 等份，每份代表 10 年，分别写上 10、20、30……最左边写上"生"字，最右边写上"死"字。

下面给大家提几个问题，请大家按以下要求去做。

第一个问题：请问你现在几岁？（请找出相应的位置，并把相应的部分从前面撕掉，过去的生命再也回不来了！请彻底撕干净！）

第二个问题：请问你想活到几岁？（请找出相应的位置，并把相应的部分从后面撕掉）

第三个问题：请问你想几岁退休？（请把相应的退休以后的部分撕下来，不用撕碎，放在桌子上）

就剩这么长了，这是你可以用来工作的时间。

第四个问题：请问一天 24 小时你会如何分配？

一般人每天睡觉 8 小时，占了 1/3；吃饭、休息、聊天、看电视、游玩等又占了 1/3；其实真正可以工作的时间只有约 8 小时，仅剩 1/3。

所以请将剩下的纸条分成三等份，将其中的 2/3 撕下来，并放在桌子上。

第五个问题：比比看。

请用左手拿起剩下的 1/3，用右手把退休那一段和刚刚撕下来的 2/3 加在一起，请开始思考你要用左手的 1/3 时间工作赚钱，供养自己另外 2/3 的吃喝玩乐及退休的生活。

第六个问题：想一想。

你要赚多少钱、存多少钱才能养活自己，这还不包括给父母、子女、配偶的哦！

第七个问题：你要找什么样的工作来赚够这么多钱？
第八个问题：你还有多长时间为这份工作做准备？
第九个问题：你要做出什么样的准备？
第十个问题：请问你现在有何感想？
第十一个问题：请问你会如何看待你的未来？

（三）时间管理

时间管理是指通过事先规划并运用一定的技巧、方法与工具实现对时间的灵活以及有效运用，从而实现个人或组织的既定目标。

时间管理的前提是有一个明确的目标，这样才能更有效地运用时间。目标的功能就是让你在面临各种选择时，在动力不足时，有一个清晰的方向，让你的行动富有效率。大学生在参加社团招聘的时候，目标一定要明确。例如，参加一个大型纳新招聘会，一个目标不清楚的学生进入后，只会走马观花地溜一圈，也不大可能被社团所招聘，而目标明确的学生可直奔主题，到目标社团询问招聘意向，并适时和社团纳新人员进行沟通，表达自己的兴趣，证明自己的能力，这样纳新成功的概率会增加很多。在纳新过程中，要锁定目标社团，这样既不用在几个社团间来回跑，又节省时间，成功的概率也会高很多。在学习、生活和工作的其他方面也需要我们具有一个明确的目标。有了目标，就像在高速公路上开车；没有目标，就像在大海上漂流。开车没有目的地，不管你开多快，最后什么地方也去不了。

时间管理的原则是要事第一。19世纪意大利经济学家帕累托提出，重要的东西只占一小部分，只要集中处理只占整体20%的事情，就可以解决80%的问题。帕累托发现，菜园里80%的豌豆源自20%的豌豆荚，意大利80%的土地为20%的人口所有。后来他又发现很多事物都存在这样的规律，于是提出了"80/20法则"。在一般情形下，产出和报酬是由少数的原因、投入和努力所产生的，原因与结果、投入与产出、努力与报酬之间的关系往往是不平衡的。生活中80%的结果几乎源于20%的活动。因此，要把注意力放在20%的关键事情上。在日常生活中还有这些例子：80%的生产来自20%的生产线；80%的病假条来自20%的员工；20%的业务员创造80%的销售额；20%的人口消耗掉80%的医疗资源；20%的人际关系带来80%的个人幸福。这些规律和现象提示我们应该集中精力来处理那些重要的、价值高的20%的工作。

二、时间管理的方法

时间管理的方法有很多，有关时间管理的研究已有相当长的历史。犹如人类社会从农业革命演进到工业革命，再到资讯革命。第一代时间管理强调利用便条与备忘录，在忙碌中调配时间与精力；第二代强调利用日程表与行事历，调配当下和未来的时间和精力，兼顾到规划未来的重要性；第三代强调优先顺序，依据轻重缓急设定短、中、长期目标，再逐日订定实现目标的计划，将有限的时间、精力加以分配，争取最高的效率。

（一）什么时间安排日程

我们推荐在前一天晚上安排第二天的日程安排，这样做出的日程安排可以让你在第二天尽快进入学习和工作状态；也可以选择在早晨订定日程安排，这样不仅可以兼顾一个晚上发生的变化，而且早晨起来比较清醒，精力充沛，可以帮助自己尽快把一件件事情完成。

（二）如何安排日程

1. 为每个重要的目标设定完成日期

在时间管理上有一个著名的帕金森定律：如果你不加以控制，工作会自动膨胀，占满所有可用的时间。设定实际可行的期限你只要将工作分成若干个行动，考虑需要涉及的人或事，考虑用于各项任务的具体时间。设定实际可行的期限不仅能够使你达到目标，还能帮助你真切地感受所取得的进展。

2. 制定任务列表

将任务分成更小的若干行动，列出与任务有关的所有具体行动，确定具体行动；将每项任务切分，使其具有可测量性，确定实际可行的期限，从而详细了解任务所涉及的各个方面。

3. 利用优先级排序

每人每天都有需要完成的任务。为了防止遗忘，将它们列在一张清单上是一个很不错的办法。但是光记住任务还不够，还需要对每项任务按照轻重缓急进行排序。优先级矩阵是一个很有用的工具，能够帮你对工作进行有效的优先排序，并区分任务的重要性。

在优先级矩阵里有两个重要的维度：重要性和紧急性。重要性是对于进行时间管理的人而言的，对于重要性的判断和一个人的价值观有非常大的关系，同样一件事，可以被一个人判断为重要的事件，而被另一个人判断为不重要的事件。例如，职业技能证书培训考试，对于想要就业参加工作的学生来说就是重要的事，因为职业技能证书在找工作时是一个必备的条件，可以很好地证明自己的能力；而对于准备参加"专升本"考试的学生来说，其重要性就低一些。再比如，每月还房贷，对于讲诚信的人来说就是重要的事，因为诚信报告会记录还款情况，日后买房、贷款、办企业都会用到诚信报告；可对于不在乎这些的人来说，重要性就低一些，他们也许会拖一段时间再还房贷，因为还有更重要的事需要用到这笔钱，他们并不担心违约带来的法律惩戒。

紧急性是就事而言的。例如，今天要乘高铁去外地，如果现在不出发可能就会迟到，这就是一件紧急的事。

（1）第一类事情：既紧急又重要，必须立刻做。

既紧急又重要的任务包括紧急事件、有期限要求的项目或需要立即解决的问题，紧急的任务趋向于那些具有高度可见性的工作，它们对其他人而言很重要，而且它们可能会吸引你，因为它们让你感觉自己会快速地达到某个目标。紧急的任务需要引起注意。

（2）第二类事情：紧急但不重要。

紧急但不重要的任务包括应付干扰，一些电话或电子邮件、会议和处理其他人关心的事情。由于这些任务比较紧急，你需要处理它们，关键是不需要花费太多时间。它们可能紧急，但对你个人而言并不重要，所以应尽快把它们处理完，然后继续完成其他工作。只有在优先考虑了重要的事情后，才来考虑这类事情。人们常犯的错误是把"紧急"当成优先原则。其实，许多看似很紧急的事，拖一拖，甚至不办，也无关大局。

（3）第三类事情：重要但不紧急。

重要但不紧急的任务包括策划、建立关系、个人发展或识别新机会。重要的任务帮助你完成长期的使命或目标，而且要求更多的计划，对于重要的任务你不仅仅要做出反应，而且要提前行动。只要没有第一类事情的压力，应该当成紧急的事去做，而不是拖延。

（4）第四类事情：既不重要又不紧急。

既不重要又不紧急的任务包括处理垃圾邮件、直销信件，浪费时间的工作，一些无谓的社交活动和个人感兴趣的事情。应把这些工作放到最后。在你没有其他更重要的工作时，再完成这些任务。事件优先级四象限如图5-7所示。

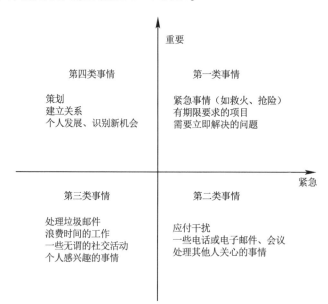

图5-7　事件优先级四象限

当你有多种不同的工作任务需要处理时，排列优先次序就变得非常困难了。使用优先级矩阵将帮助你确定每项任务的紧急性与重要性，以便更好地处理各项任务。在处理这四类事情时，首先集中精力处理好第一类事情：紧急又重要的事情，然后处理第二类事情：紧急但不重要的事情，在第二类事情的处理中能授权别人处理的就让别人处理，别人无法代劳的尽快处理完，不能让这些事情占用你太长时间，如果处理第二类事情比较快，那你就会有一些空余的时间，每天利用空余的时间处理第三类事情：重要但不紧急的事情，而最后考虑第四类事情：既不重要又不紧急的事情。

有些人把大部分的精力用在处理第一类事情上，当他处理好了以后，由于过少地关注第二类事情，于是第二类事情随着时间的进展变成了第一类事情，会使他疲于奔命，应接不暇。而另外有些人会偏重于处理第三类事情，做什么事情都是他人优先，最终自己得不到发展，其结果极有可能被用人单位淘汰。建议应该重点关注第二类事情，在危机没有形成之前就将其完成，并识别出自己的发展机会，提前准备。

每个人都有精力最集中的时候，要遵循你的生物钟。将你办事效率最佳的时间段用于处理最重要的任务，对于可控制的工作，将其安排在一天中工作效率最高的时间段处理；利用好外部资源最为齐备的时间段，能帮你做出决定、为你回答疑问或为你提供信息，在安排日程的时候，考虑内部和外部中的高效时间段，将会非常有帮助。例如，你和上级交流的最佳时间一般是刚到办公室或中午吃饭的时候；你制定决策的最佳时间一般是上午。总之，要将优先办的事情放在最佳时间段内。

4. 预留时间

如果日程安排中设定时间太满，就会让你觉得被时间所控制，导致你的工作和生活缺少活力。如果有一些意外的事务插入进来，就会让你的日程受到很大的影响。预留时间为你提供了思考的机会，可以利用预留时间寻找解决问题的不同方法，而且它能使你控制自己的时间。建议每天至少安排一定的预留时间。

三、有效利用时间的技巧

(一) 不断澄清自己的价值观

澄清自己的价值观，要做和你的价值观相吻合的事情。一个人要想有效利用时间，一定要确立个人的价值观，通过自我反思，不断澄清自己的价值观。价值观不明确，那么你就很难知道什么对你来说最重要；价值观不明确，那么你的时间分配一定不够好。将你的时间分配给对你来说最重要的事，你永远没有时间做完每件事，但你永远有时间做对你而言最重要的事。

练习5-6　六个优先事件

现在，请每位同学在纸上写下自己明天必须做的六件最重要的事，然后将每件事情排序，排序的依据是事情对于你和你所在的组织的重要程度，最重要第一，次重要第二，以此类推排好次序。

明天早上，你的第一件事情就是把这张纸条拿出来，开始着手完成纸条上的第一项任务。不要看其他的，只看第一项，直至这件事情彻底完成为止，然后用同样的方法对待第二件事情、第三件事情……一直到一天结束。即使你只做完了一件事情，也不要紧，因为你做的是最重要的事情。请每天都这样做，养成习惯。我们在完成每天的任务时，不是看完成了多少件事情，而是看完成了多少件对你来说重要的事情。

(二) 做好时间日记

时间是有限的，所以要明白时间用在了哪些地方。你花了多少时间在哪些事情上，把它详细地记录下来，早上起床（包括洗漱、换衣、早餐等）花了多少时间，刷微信花了多少时间，出门上课花了多少时间，玩游戏花了多少时间……把每天花的时间一一记录下来，你会清晰地发现自己浪费了哪些时间。这和记账是一个道理，只有找到浪费时间的根源，你才有办法改变。

（三）归类做事

要把同一类事情一次性做完。假如你在做纸上作业，那这段时间都做纸上作业；假如你在思考，那这段时间只用作思考。当你重复做一件事情时，你就会熟能生巧，效率也会提高。

（四）处理拖延

当你遇到一个问题时，拖延不一定会使问题消失，反而会使问题越来越严重，同时也会增加自己的痛苦。当一个人到最后的期限之前才动手工作，同时工作的难度又比较大，就会有很大的压力，这种压力会使人的思维能力受到抑制，导致工作效率降低。如果你不希望被最后的期限逼得喘不过气来，最好的方式就是避免拖延，在压力没有形成的时候完成工作，你就会更加放松、自由，对事情会有一种掌控感。有些时候我们拖延是觉得任务太大，很难在短时间内完成，于是总无法开始去做，这时候就要将任务进行分解，分解到你在 5 分钟之内就可以完成一部分，你可以利用零散时间去推进你的工作。你也可以交给他人去完成，委托他人来办理必须明白：决定自己需要委托他人处理的具体事情，找出最合适的委托对象，用恰当的方式向对方表明你此次委托的目的和原因，向对方详细地描述清楚任务的要求，给出确切的时间限制。

（五）学会拒绝

要学会说"不"，一旦确定了哪些事情是重要的，就要对那些不重要的事情说"不"。你不可能满足所有人的要求，因为你没有足够的时间。当有人对你提出请求的时候，你需要评估对方对于你的重要性以及你不做这件事的后果。在拒绝别人的时候一定要坚决，要学会直接地告诉对方："我知道这件事情对于你很重要，但我现在实在很忙。"如果你碍于面子答应下来，但又没有时间完成，可能对双方来说都是一种伤害。有时候我们的工作已经非常多了，上级还会给你布置一些新的任务，这时候你需要和领导进行沟通，告诉他：你最近的任务清单和时间表，如果接受这个任务会影响正在进行的那些工作，领导自然会做出权衡，一般会对你的工作做出调整或把这个任务交给其他人去完成。

（六）做最有效率的事情

恩格斯说：利用时间是一个极其高级的规律。你必须思考要做好一份工作，究竟哪几件事情对你来说是最有效率的，列出清单，分配时间将其做好，确保每分每秒都做最有效率的事情。

(七）控制消遣行为

古人云：黑发不知勤学早，白首方悔读书迟。我们平常的很多消遣行为占用了大量的时间，如玩游戏、看电视剧、刷手机、上网浏览网页等。网络对现在的大学生影响最大，有很多大学生网络成瘾，有人每天停留在网络上的时间长达4个小时。为了控制消遣行为，可以给手机、计算机设定一个固定开关机时间，提醒自己控制消遣时间。

练习5-7　制作时间馅饼

4~6人一组，小组每位成员制作"时间馅饼"，画一个大圆代表24小时，成员以圆心为基点，划分出睡眠、学习、运动、吃饭、看手机等所占据的平均时间。在小组内分享，谈论自己的时间安排是否合理，有没有可以改进的地方。老师要进行正确引导，然后成员再次制作"理想的生活馅饼"，填完后再次在小组内讨论。

【实践应用】

1. 《西游记》中的团队合作

对于多数管理专家而言，《西游记》中的唐僧师徒组合不能算是一个合格的团队。其团队成员要么个性鲜明，优点或缺点过于突出，实在难以管理；要么缺乏主见，默默无闻，实在过于平庸。但就是这么一群对团队精神一窍不通的"乌合之众"，个性突出的典型人物组合在一起，克服了常人难以想象的种种困难，最终完成任务取回真经，真是让人吃惊。

作为团队领导人和协调者的唐僧，虽然处事不够果断和精明，但对于团队目标抱有坚定信念，以博爱和仁慈之心在取经途中不断地教诲和感化徒弟们。

团队中的明星员工孙悟空是一个不稳定因素，虽然能力高超，交际广阔，疾恶如仇，但桀骜不驯，喜欢单打独斗。最重要的一点是他对团队成员有着难以割舍的深厚感情，同时有一颗不屈不挠的心，为达成取经的目标愿意付出任何代价。

也许很少有人会意识到，猪八戒对于团队内部承上启下起着多么重要的作用，他的个性随和健谈，是唐僧和孙悟空这对固执师徒之间最好的"润滑剂"和沟通桥梁，虽然好吃懒做的性格经常使他成为挨骂的对象，但他从不会因此心怀怨恨。

至于沙僧，每个团队都不能缺少这类员工，脏活累活全包，并且任劳任怨，还从不争功，是领导的忠实追随者，起着保持团队稳定的基石作用。

每个团队成员都会有个性，这是无法也无须改变的，而团队的艺术就在于如何发掘组织成员的优点、缺点，根据其个性和特长合理安排工作岗位，合作达到互补的效果。

2. 沟通的力量

对第三节《有效沟通》中的案例引入部分进行分析，得出如下结论。

某校即将举办第三届职业规划大赛，具体承办单位是招生就业文化社，具体负责项目执行的苏老师找招生就业文化社的社长小张询问大赛的准备情况。在沟通过程中，存在以下问题。

（1）老师的做法明显错了，关心小张在社团工作的业务，被小张认为怀疑自己的能力，因此产生了冲突，影响了双方的心情，不利于工作的开展。如果把社团学生进行分类，按照能力和意愿来分，社团学生有高能力低意愿的、高能力高意愿的、低能力高意愿的、低能力低意愿的四种类型。

对于高能力高意愿的社团学生来说，老师不要过多干涉，他们完全可以自己搞定，只要授权给他们就可以了，看结果而不要看过程。

对于高能力但是意愿比较低的社团学生来说，可以和他们聊一聊社团工作的未来，给予激励，关注他们的工作积极性，要看结果、看人而不是看过程。

对于低能力且意愿低的社团学生来说，他们每次参加社团活动按时到，按时走，没有意愿参加活动，只是应付了事，对于这样的人尽量不要给其负责的机会。

对于低能力而高意愿的社团学生来说，要关注他们工作的过程，采取事先指导、事中询问、事后检查的方式，尽量多给予一些指导。

很明显老师认为小张的意愿很好，但是能力可能没有达到他的要求，因此过多地询问了大赛的准备情况，从而引起了小张的不满。其实老师是这个项目的具体负责人，有权询问关于项目进展方面的事情，只是没有考虑小张的实际情况，引起误解。

（2）小张也有错误，老师询问工作情况，是老师的工作职责，所以要平和地看待这个问题。不要把老师询问工作情况视为对自己工作能力的怀疑，或许老师只是好心地提醒；或许老师对评委更了解；或许老师以前犯过类似的错误，想给自己提一些建议；或许老师对自己信心不足。因老师询问工作情况而产生逆反心理，很难和老师、其他社团成员配合共事。另外有些话也不要说破，"您是对我不放心才对吧！"这样的话就没有给老师留回旋的余地。如果老师同意你的观点，就证明老师不相信你的能力，以后的工作就没有办法开展。如果老师说相信你的能力，可你又不这么认为，老师也询问了工作的情况，短时间内很难改变你的观念。所以小张最后一句话带着很强的个人情绪。

（3）小张工作经验不足，把情绪带到了工作上。情绪是个人化的东西，工作是社团的事情，两者不要搞混。当你能很好地利用情绪来感染别人、带动别人、争取别人的支持时，情绪才能起到正面的作用，否则会起到反面的效果。

如何让小张认识到老师询问工作进展是正常的，并在工作中不要太情绪化？这个问题值得思考。

3. 大学生时间管理

对第四节《时间管理》中的案例引入部分进行分析，得出如下结论。

薛阳的问题表面上看是喜欢玩，自控能力不好；上课内容越来越听不懂，学习跟不上；内心压力大，感觉很难受，甚至讨厌自己。而实际上这些问题是长时间不愿意干正事积累出来的，是薛阳的时间管理出现了问题。

薛阳在学校期间，学习生活没有清晰的目标，知道自己天天不干正事，可具体正事是什么，不太清楚，只是觉得自己现在做的事不好，不是正事。在老师提出的问题的引导下，他才知道理想中的自己是什么样的。

薛阳在和老师谈心聊天的过程中，也意识到了时间管理的问题，所以他想从"早睡早起"开始改变自己。

4. 计算机网络技术专业学生的职业能力结构分析

（1）专业能力方面。

第一，专业基础理论修养。

专业基础理论修养的积累主要源于个人上学期间所学的课程，这就要求个人认真学习课程内的专业知识，因为这些课程是专业的基础知识。例如，了解信息技术、云计算和信息安全基础知识，掌握数据库的基本知识和程序设计基本知识、网络规划与设计的基本知识、计算机网络基础知识和 TCP/IP 协议簇知识、网络操作系统的基本知识、网络管理的基础理论知识、软件定义网络的基本理论及网络虚拟化知识，熟悉计算机网络系统的结构组成及网络设备性能特点、网络工程设计安装规范、常用网络测试工具的功能和性能特点。

第二，计算机网络技术专业相关的学科视野。

阅读经典的计算机网络技术专业相关书籍，可以了解计算机网络技术的发展历史，吸收、借鉴前辈的智慧结晶。但是，社会毕竟是在向前发展的，作为一名计算机网络技术专业人才，必须紧跟时代的发展，抓住时代的脉搏，了解计算机网络技术专业研究的前沿问题。

第三，计算机网络技术专业技能、方法和智慧。

计算机网络技术专业的学习不能只注重书本上的内容，只有将理论联系实际，才能将计算机网络技术专业学活、学实。计算机网络技术专业学生可以充分利用校内的资源提升自己的计算机网络技术专业技能，如积极参加校内外举办的竞赛，只有亲身体验，才能知道一个技术项目的实施过程是怎样的，才能加深自己的印象。当然，在参与的过程中肯定会有不懂和出错的地方，通过老师和同学的帮助，纠正自己思维中和技术实施中的疏漏和不足之处，提高自己的计算机网络技术专业技能，为以后从事网络技术专业工作打下基础。而在职的网络技术人员则更容易接触实例，可以在日常工作中进行演练和提高，从而积累网络技术技能、方法和智慧。例如，能够设计、实施中小型网络工程和数据中心机房，对网络设备、网络安全设备、服务器设备和无线网络进行安装与调试，熟练操作常用网络操作系统，并在 Windows 和 Linux 平台上部署常用的网络应用环境，根据用户需求规划和设计网络系统，并部署网络设备，对网络系统进行联合调试，协助主管管理工程项目，撰写项目、工程报告等文档；具备计算机网络安全配置、管理与维护能力，网络应用系统设计、开发及维护能力和数据库管理能力，网络虚拟化及云平台系统搭建和系统平台设备配置部署能力。

第四，具有弹性空间的计算机网络技术专业知识结构体系。

计算机网络技术专业知识不是死的，也不是零散孤立的。因为网络技术人员要面对的问题是社会性问题，必然是复杂的，涉及多种交叉混合应用的知识。倘若网络技术专业人员只懂计算机网络技术专业中的一部分，而且不能灵活运用，他的网络技术能力终将是有限的。计算机网络技术专业人员只有将自己所学的专业知识，构建成一个能灵活运用的体系，将知识点背后的关系串联起来，才不会将知识孤立起来。

（2）通用能力方面。

每种职业都有自己特定的能力要求，这些要求被称为职业素养和个性特征。除了很多可迁移的能力和品格，作为计算机网络技术专业人士，还有职业领域独特的应着重培养的能力和品格。

统计数据显示，历年来计算机网络技术专业毕业生的就业方向集中在网络实施工程师、网络运维工程师、Web前端工程师、云计算技术运维工程师、布线现场工程师、Web架构工程师、Web开发工程师等几个方面，不同的就业方向对通用能力的要求也不尽相同。从社会职业对计算机网络技术专业学生的能力要求来看，对这几个方面的能力要求实际上是共通的，只是在不同的社会职业环境下其侧重点有所区别。概括而言，这些能力可具体表述为：网络工程设计能力，网络设备安装、调试、运行、维护能力，调查研究实际问题能力，持续学习能力，沟通协调能力，业务表达能力等，涵盖道德、社会适应和业务能力的各方面。

各类网络技术工程师都应具有爱岗敬业、诚实守信、遵章守纪的良好职业道德；要有严谨规范、精益求精、吃苦耐劳的优良品质；要具有从事本专业工作的安全生产、环境保护等意识，以及强烈的安全意识和社会责任感；要具有对新知识、新技能的学习能力和开拓进取的创新精神，较强承受压力的心理素质和身体素质；要具有自我管理能力、职业生涯规划意识，以及较强的集体意识和团队合作精神，健康的体魄、心理和健全的人格；要掌握基本运动知识和一两项运动技能，养成良好的健身与卫生习惯，良好的行为习惯；要具备一定的审美和人文素养，能够形成一两项艺术特长或爱好等职业技能素养；要具备探究学习、终身学习、分析问题和解决问题的能力；要具备良好的语言、文字表达能力和沟通能力，团队合作能力，以及本专业必需的信息技术应用和维护能力。

【思考解答】

(1) 如何判断网络成瘾？

我国出台了网络成瘾的诊断标准，网络成瘾是指个体反复过度使用网络导致的一种精神行为障碍，表现为对使用网络产生强烈欲望，突然停止或减少使用时出现烦躁、注意力不集中、睡眠障碍等问题。按照《网络成瘾临床诊断标准》，网络成瘾分为网络游戏成瘾、网络色情成瘾、网络关系成瘾、网络信息成瘾、网络交易成瘾等五类，并明确了网络成瘾的诊断和治疗方法。

根据美国匹兹堡大学制定的诊断标准，在八项检测标准中，符合其中五项或更多，就初步符合诊断；如果再加上每周上网时间超过40小时，就更加符合诊断。这八项检测标准如下。

①全神贯注于网络或线上活动，并且在下线后仍继续想着上网的情形。
②觉得需要花更多的时间在线上才能获得满足。
③多次努力想控制或停止使用网络，但总是失败。
④当企图减少或停止使用网络时，会觉得沮丧、心情低落，易发脾气。
⑤花费在网络上的时间总比预期的要长。
⑥为了上网，宁愿冒着重要的人际关系、工作或教育机会受损的危险。
⑦会向家人、朋友或他人说谎，以隐瞒自己涉入网络的程度。
⑧上网是为了逃避问题或释放一些感觉，比如无助、罪恶或焦虑、沮丧。

（2）节省时间有哪些简单的方法？

①对目标、任务、会议等事件分别按优先级进行排序。

②从优先级最高的事件着手。

③和拖延做斗争，如果事情重要，从现在开始做。

④把大的、艰难的任务细分为小的、容易的部分。

⑤为自己创造一个小时的宁静时间，哪怕这需要很强的意志力，或者有时不起作用。

⑥找到一个隐秘的地方，如图书馆或没有使用的办公室，高效完成那些重要的任务。

⑦当你有重要的事情要处理时，学会对别人说"不"。

⑧学会委派别人做事。

⑨归纳相似的事情，把它们放在一起处理。

⑩减少例行事务，它们不值得花费过多时间。缩短花费在低价值事件上的时间，抛开没有价值的信件和文书工作。委派别人完成、减少或推迟优先级很低的任务。

⑪避免完美主义，记住"80/20法则"。

⑫避免做出过多许诺。对你在有限时间内能完成的工作持现实态度。

⑬不要把时间表排得满满的，为自己留下一定机动时间应对突发事件。

⑭设置时间限制。例如做某些决定时，不应超过3分钟。

⑮聚精会神地做好手头的事情。

⑯处理重要事情时，使用大块的时间。

⑰迅速处理困难的事情，等待和拖延有时候只会使它们变得更难处理。

⑱文书工作争取只处理一次。

⑲在行动以前，彻底地思索整个工作内容。

⑳第一次就做好。

（3）大学生在时间管理方面存在哪些问题？

①没有养成良好的作息和学习习惯，上课不学习，下课不复习，临考"刷夜"。

②个人的时间安排容易受外界的干扰和影响，包括学生会工作、班务、社团活动、电话、谈恋爱、人际交往、社会实践和勤工俭学、参加各类比赛、听各种讲座和报告。

③处理事情没有轻重缓急之分，想到哪件事就干哪件事，有随大流的趋势。

④消遣时间太长，比如玩游戏。

【课后作业】

（1）选择一个自己感兴趣的职业，根据本章的知识点"职业能力构成"，分析该职业具体需要哪些职业能力，对自己在这些能力方面的表现做出客观的评价，并制订一个提高自身职业能力的计划。

（2）分析自己在时间管理上存在的问题，你计划在哪些方面提升自己的时间管理能力？

（3）回顾以往经历，分析自己在有效沟通过程中的优势和不足，并进行优化。

（4）你认为本课程中提到的倾听技巧哪个最有效？

（5）互联网对你的时间管理产生了什么样的影响？

（6）高效团队的特征是什么？

附录　霍兰德职业倾向测验量表

本测验共有七个部分，每部分测验均没有时间限制，但请你尽快按要求完成。

第一部分　你心目中的理想职业（专业）

对于未来的职业（或升学进修的专业）你也许早有考虑，它可能很抽象、很朦胧，也可能很具体、很清晰。不管是哪种情况，现在都请你把你最想干的三种工作或最想读的三种专业，按顺序写下来。

第二部分　你所感兴趣的活动

下面列举了一些十分具体的活动。这些活动无所谓好坏，如果你喜欢去参加（包括过去、现在或将来），就请在答题卷的相应题号上的"是"一栏的方框内画"√"，如果不喜欢就请在"否"一栏的方框内画"√"。

注意，这一部分测验主要是确定你的职业兴趣，而不是让你选择工作，你喜欢某种活动并不意味着你一定要从事这种活动。答题时不必考虑过去是否干过和是否擅长这种活动，只根据你的兴趣直接判断即可。请务必做完每道题目。

一、R型（实用型活动）

你喜欢做下列事情吗？

1. 装配修理电器。
2. 修理自行车。
3. 装修机器或机器零件。
4. 做木工活。
5. 驾驶卡车或拖拉机。
6. 开机床。
7. 开摩托车。
8. 上金属工艺课。
9. 上机械制图课。
10. 上木工手艺课。
11. 上电气自动化技术课。

二、I型（研究型活动）

你喜欢做下列事情吗？

1. 阅读科技书刊。

2. 在实验室工作。

3. 研究某个科研项目。

4. 制作飞机、汽车模型。

5. 做化学实验。

6. 阅读专业性论文。

7. 解一道数学或棋艺难题。

8. 上物理课。

9. 上化学课。

10. 上几何课。

11. 上生物课。

三、A 型（艺术型活动）
你喜欢做下列事情吗？

1. 素描、制图或绘画。

2. 表演戏剧、小品或相声节目。

3. 设计家具或房屋。

4. 在舞台上演唱或跳舞。

5. 演奏一种乐器。

6. 阅读流行小说。

7. 听音乐会。

8. 从事摄影创作。

9. 阅读电影、电视剧本。

10. 读诗、写诗。

11. 上书法、美术课。

四、S 型（社会型活动）
你喜欢做下列事情吗？

1. 给朋友们写信。

2. 参加学校、单位组织的正式活动。

3. 加入某个社会团体或俱乐部。

4. 帮助别人解决困难。

5. 照看小孩。

6. 参加宴会、茶话会或联欢晚会。

7. 跳交谊舞。

8. 参加讨论会或辩论会。

9. 观看运动会或体育比赛。

10. 寻亲访友。

11. 阅读与人际交往有关的书刊。

五、E型（企业型活动）

你喜欢做下列事情吗？

1. 对他人做劝说工作。
2. 买东西与人讨价还价。
3. 讨论政治问题。
4. 从事个体或独立的经营活动。
5. 出席正式会议。
6. 做演讲。
7. 在社会团体中做一名理事。
8. 检查与评价别人的工作。
9. 结识名流。
10. 带领一群人去完成某项任务。
11. 参与政治活动。

六、C型（事务型活动）

你喜欢做下列事情吗？

1. 保持桌子和房间整洁。
2. 抄写文章或信件。
3. 开发票、写收据或打回条。
4. 打算盘或用计算机计算。
5. 记流水账或写备忘录。
6. 上打字课或学速记法。
7. 上会计课。
8. 上商业统计课。
9. 将文件、报告、记录分类与归档。
10. 为领导写公务信函与报告。
11. 检查个人收支情况。

第三部分　你所擅长或胜任的活动

下面从六个方面分别列举一些十分具体的活动，以确定你具备哪一方面的工作特长。回答时，只需考虑你过去或现在对所列活动是否擅长、胜任，不必考虑你是否喜欢这种活动。如果你认为你擅长从事某一活动，就请在答题卷的相应题号上的"是"一栏的方框内画"√"，如果不擅长，就请在"否"一栏的方框内画"√"。

注意，你如果从未从事过某一活动，那就请考虑你将来是否会擅长从事该项活动。请你务必做完每道题目。

一、R型（实用型能力）

你擅长做或胜任下列事情吗？

1. 使用锯子、钳子、车床、砂轮等工具。

2. 使用万能电表。

3. 给自行车或机器加油使它们正常运转。

4. 使用钻床、研磨机、缝纫机等。

5. 修整木器家具表面。

6. 看机械、建筑设计图纸。

7. 修理结构简单的家用电器。

8. 制作简单的家具。

9. 绘制机械设计图纸。

10. 修理录音机的简单部件。

11. 疏通、修理自来水管或下水道。

二、I 型（研究型能力）

你擅长做或胜任下列事情吗？

1. 了解真空管的工作原理。

2. 知道三种以上蛋白质含量高的食物。

3. 知道一种放射性元素的"半衰期"。

4. 使用对数表。

5. 使用计算器或计算尺。

6. 使用显微镜。

7. 辨认三个星座。

8. 说明白血球的功能。

9. 解释简单的化学分子式。

10. 理解人造卫星不会落地的道理。

11. 参加科技竞赛或科研成果交流会。

三、A 型（艺术型能力）

你擅长做或胜任下列事情吗？

1. 演奏一种乐器。

2. 参加二重唱或四重唱表演。

3. 独奏或独唱。

4. 扮演剧中角色。

5. 说书或讲故事。

6. 表演现代舞或芭蕾舞。

7. 画人物素描。

8. 画油画或刻雕塑。

9. 制造陶器、捏泥塑或剪纸。

10. 设计服装、海报或家具。

11. 写得一手好文章。

四、S 型（社会型能力）

你擅长做或胜任下列事情吗？

1. 善于向别人解释问题。
2. 参加慰问或救济活动。
3. 善于与人合作，配合默契。
4. 殷勤待客。
5. 能深入浅出地教育儿童。
6. 为一次宴会安排娱乐活动。
7. 帮助他人解决困难。
8. 帮助护理病人或伤员。
9. 安排学校或社团组织的各种集体事务。
10. 善察人心或善于判断人的性格。
11. 善于与年长者相处。

五、E 型（企业型能力）

你擅长做或胜任下列事情吗？

1. 在学校里当过班干部并且干得不错。
2. 善于督促他人工作。
3. 善于使他人按你的习惯做事。
4. 做事具有超常的精力和热情。
5. 能做一个称职的推销员。
6. 代表某个团体向有关部门提出建议或反映意见。
7. 在担任某种领导职务期间获奖或受表扬。
8. 说服别人加入你所在的团体（俱乐部、运动队、工作或研究组等）。
9. 创办一家商店或企业。
10. 知道如何做一位成功的领导人。
11. 有很好的口才。

六、C 型（事务型能力）

你擅长做或胜任下列事情吗？

1. 一天能誊抄近一万字。
2. 能熟练地使用算盘或计算器。
3. 能够熟练地使用中文打字机。
4. 善于将书信、文件迅速归档。
5. 做过办公室职员工作且干得不错。
6. 核对数据或文章时既快又准确。
7. 会使用外文打字机或复印机。
8. 善于在短时间内分类和处理大量文件。
9. 记账或开发票时既快又准确。

10. 善于为自己或集体做财务预算（表）。

11. 能迅速誊清贷方和借方的账目。

第四部分　你所喜欢的职业

下面列举了许多职业，对这些职业的基本情况你或多或少有所了解，并在此基础上形成了自己的评价态度。如果你喜欢某项职业，请在答题卷的相应题号上的"是"一栏中画"√"，如果不喜欢则在"否"一栏中画"√"。这一部分测验也要求每题必做。

一、R 型（实用型职业）

你喜欢做下列事情吗？

1. 飞行机械技术人员。

2. 鱼类和野生动物专家。

3. 自动化工程技术人员。

4. 木工。

5. 机床安装工或钳工。

6. 电工。

7. 无线电报务员。

8. 长途汽车司机。

9. 火车司机。

10. 机械师。

11. 测绘、水文技术人员。

二、I 型（研究型职业）

你喜欢做下列事情吗？

1. 气象研究人员。

2. 生物学研究人员。

3. 天文学研究人员。

4. 药剂师。

5. 人类学研究人员。

6. 化学研究人员。

7. 科学杂志编辑。

8. 植物学研究人员。

9. 物理学研究人员。

10. 科普工作者。

11. 地质学研究人员。

三、A 型（艺术型职业）

你喜欢下列职业吗？

1. 诗人。

2. 文学艺术评论家。

3. 作家。

4. 记者。

5. 歌唱家或歌手。

6. 作曲家。

7. 剧本写作人员。

8. 画家。

9. 相声演员。

10. 乐团指挥。

11. 电影演员。

四、S 型（社会型职业）

你喜欢下列职业吗？

1. 街道、工会或妇联负责人。

2. 中学教师。

3. 青少年犯罪问题专家。

4. 中学校长。

5. 心理咨询人员。

6. 精神病医生。

7. 职业介绍所工作人员。

8. 导游。

9. 青年团体负责人。

10. 福利机构负责人。

11. 婚姻介绍所工作人员。

五、E 型（企业型职业）

你喜欢下列职业吗？

1. 供销科长。

2. 推销员。

3. 旅馆经理。

4. 商店管理费用人员。

5. 厂长。

6. 律师或法官。

7. 电视剧制作人。

8. 饭店经理。

9. 人民代表。

10. 服装批发商。

11. 企业管理咨询人员。

六、C 型（事务型职业）

你喜欢下列职业吗？

1. 簿记员。
2. 会计师。
3. 银行出纳员。
4. 法庭书记员。
5. 人口普查登记员。
6. 成本核算员。
7. 税务工作者。
8. 校对员。
9. 打字员。
10. 办公室秘书。
11. 质量检查员。

霍兰德职业倾向测验答题卷

R 型 题号	是	否
1	□□□	□□□
2	□□□	□□□
3	□□□	□□□
4	□□□	□□□
5	□□□	□□□
6	□□□	□□□
7	□□□	□□□
8	□□□	□□□
9	□□□	□□□
10	□□□	□□□
11	□□□	□□□
"是"的总数：		
I 型 题号	是	否
1	□□□	□□□
2	□□□	□□□
3	□□□	□□□
4	□□□	□□□
5	□□□	□□□

续表

I型		
11	☐☐☐	☐☐☐
6	☐☐☐	☐☐☐
7	☐☐☐	☐☐☐
8	☐☐☐	☐☐☐
9	☐☐☐	☐☐☐
10	☐☐☐	☐☐☐
11	☐☐☐	☐☐☐
"是"的总数：		
A型		
题号	是	否
1	☐☐☐	☐☐☐
2	☐☐☐	☐☐☐
3	☐☐☐	☐☐☐
4	☐☐☐	☐☐☐
5	☐☐☐	☐☐☐
6	☐☐☐	☐☐☐
7	☐☐☐	☐☐☐
8	☐☐☐	☐☐☐
9	☐☐☐	☐☐☐
10	☐☐☐	☐☐☐
11	☐☐☐	☐☐☐
"是"的总数：		
S型		
题号	是	否
1	☐☐☐	☐☐☐
2	☐☐☐	☐☐☐
3	☐☐☐	☐☐☐
4	☐☐☐	☐☐☐
5	☐☐☐	☐☐☐
6	☐☐☐	☐☐☐
7	☐☐☐	☐☐☐
8	☐☐☐	☐☐☐
9	☐☐☐	☐☐☐
10	☐☐☐	☐☐☐
11	☐☐☐	☐☐☐

续表

S 型		
11	☐☐☐	☐☐☐
"是"的总数：		
E 型		
题号	是	否
1	☐☐☐	☐☐☐
2	☐☐☐	☐☐☐
3	☐☐☐	☐☐☐
4	☐☐☐	☐☐☐
5	☐☐☐	☐☐☐
6	☐☐☐	☐☐☐
7	☐☐☐	☐☐☐
8	☐☐☐	☐☐☐
9	☐☐☐	☐☐☐
10	☐☐☐	☐☐☐
11	☐☐☐	☐☐☐
"是"的总数：		
C 型		
题号	是	否
1	☐☐☐	☐☐☐
2	☐☐☐	☐☐☐
3	☐☐☐	☐☐☐
4	☐☐☐	☐☐☐
5	☐☐☐	☐☐☐
6	☐☐☐	☐☐☐
7	☐☐☐	☐☐☐
8	☐☐☐	☐☐☐
9	☐☐☐	☐☐☐
10	☐☐☐	☐☐☐
11	☐☐☐	☐☐☐
"是"的总数：		

第五部分　你的能力类型简评

表1和表2是你在六种职业能力方面的自我评分表。你可以先与同龄人比较自己在每一方面的能力，经斟酌以后对自己的能力做出评价。评分时请在表中适当的数字上画圈。数字越大表示你的能力越强。

注意，请勿全部圈画同样的数字，因为人的每项能力不可能完全一样。不妨说，这里是要大家对自己的各项能力依次排队。六种职业类型，1到7的号码，就是要大家把相对的强弱拉开，能力最大是7，能力最小是1，如果依次序的两个之间相差太大，就跳一个数字。例如，我的前两个能力，第三个远远比不上，我就直接排成764321，不用数字5为第三位。

表1 职业能力自我评分（一）

类型	R型	I型	A型	S型	E型	C型
能力	机械操作能力	科学研究能力	艺术创造能力	解释表达能力	商业洽谈能力	事务执行能力
分数	7 6 5 4 3 2 1	7 6 5 4 3 2 1	7 6 5 4 3 2 1	7 6 5 4 3 2 1	7 6 5 4 3 2 1	7 6 5 4 3 2 1

表2 职业能力自我评分（二）

类型	R型	I型	A型	S型	E型	C型
能力	体力技能	数学技能	音乐技能	交际技能	领导技能	办公技能
分数	7 6 5 4 3 2 1	7 6 5 4 3 2 1	7 6 5 4 3 2 1	7 6 5 4 3 2 1	7 6 5 4 3 2 1	7 6 5 4 3 2 1

第六部分　统计和确定你的职业倾向

请将第二部分到第五部分的全部测验分数按前面已统计好的六种职业倾向（R型、I型、A型、S型、E型和C型）得分填入表3，并做纵向累加。

表3 职业倾向得分

测验	R型	I型	A型	S型	E型	C型
第二部分						
第三部分						

续表

测验	R 型	I 型	A 型	S 型	E 型	C 型
第四部分						
第五部分（表1）						
第五部分（表2）						
总分						

请将上表中的六种职业倾向总分按大小顺序依次从左到右重新排列。

____型、____型、____型、____型、____型、____型。

得分最高的职业类型意味着最适合你的职业。比如，你在 I 型上得分最高，说明你适合做自然科学方面的研究工作，如气象研究、生物学研究、天文学研究等等，或科学杂志编辑，其余类推。

如果最适合你的工作和你在第一部分所写的理想工作之间不太一致，或者在各种类型的职业上你的能力和兴趣不相匹配，那么请你参照第七部分——你的职业价值观来做出最佳选择。比如，第二部分你在 I 型上得分最高，但第三部分你在 A 型上得分高，那么请参考你最看重的因素。假如你最看重"（8）能充分发挥自己的能力特长"或"（2）工作环境舒适"，那么 A 型工作最适合你；假如你最看重"（10）能从事自己感兴趣的工作"或"（4）工作稳定有保障"，那么 I 型工作最适合你；假如你最看重的是其他因素，那么请向 A 型职业方面的专家咨询，选择和你的职业价值观最接近的工作。

第七部分　你所看重的东西——职业价值观

这一部分测验列出了人们在选择工作时通常会考虑的十要素（见所附工作价值标准）。现在请你在其中选出对你最重要的两项因素，以及最不重要的两项因素，并将序号填入下边相应横线上。

最重要：_____；

最不重要：_____；

次重要：_____；

次不重要：_____。

附：工作价值标准

（1）工资高福利好。

（2）工作环境（物质方面）舒适。

（3）人际关系良好。

（4）工作稳定有保障。

（5）能提供较好的受教育机会。

（6）有较高的社会地位。

（7）工作不太紧张、外部压力少。

（8）能充分发挥自己的能力特长。

(9) 社会需要与社会贡献较大。
(10) 能从事自己感兴趣的工作。

以上全部测验完毕。现在，将你测验得分居第一位的职业类型找出来，对照职业索引，判断自己适合的职业类型。

职业索引——职业兴趣代号与其相应的职业对照

R（实用型）：木匠、农民、操作X光的技师、工程师、飞机机械师、鱼类和野生动物专家、自动化技师、机械工（车工、钳工）、电工、无线电报务员、火车司机、长途公共汽车司机、机械制图员、修理机器、电器师。

I（研究型）：气象学者、生物学者、天文学家、药剂师、动物学者、化学家、科学报刊编辑、地质学者、植物学者、物理学者、数学家、实验员、科研人员、科技工作者。

A（艺术型）：室内装饰专家、图书管理专家、摄影师、音乐教师、作家、演员、记者、诗人、作曲家、编剧、雕刻家、漫画家。

S（社会型）：社会学者、导游、福利机构工作者、咨询人员、社会工作者、社会科学教师、学校领导、精神病工作者、公共保健护士。

E（企业型）：推销员、进货员、商品批发员、旅馆经理、饭店经理、广告宣传员、调度员、律师、政治家、零售商。

C（事务型）：记账员、会计、银行出纳、法庭速记员、成本估算员、税务员、核算员、打字员、办公室职员、统计员、计算机操作员、秘书。

下面介绍与你三个代号的职业兴趣类型一致的职业，对照的方法如下：首先根据你的职业兴趣代号，在下面找出相应的职业，例如你的职业兴趣代号是RIA，那么牙科技术人员、陶工等是适合你兴趣的职业。然后寻找与你职业兴趣代号相近的职业，如你的职业兴趣代号是RIA，那么，其他由这三个字母组合成的编号，如IRA、IAR、ARI等，对应的职业，也较适合你的兴趣。

RIA：牙科技术员、陶工、建筑设计员、模型工、细木工、制作链条人员。

RIS：厨师、林务员、跳水员、潜水员、染色员、电器修理、眼镜制作员、电工、纺织机器装配工、服务员、装玻璃工人、发电厂工人、焊接工。

RIE：建筑和桥梁工程、环境工程、航空工程、公路工程、电力工程、信号工程、电话工程、一般机械工程、自动工程、矿业工程、海洋工程、交通工程技术人员、制图员、家政经济人员、计量员、农民、农场工人、农业机器操作工、清洁工、无线电修理、汽车修理、手表修理、管子工、线路装配工、工具仓库管理员。

RIC：船上工作人员、接待员、杂志保管员、牙医助手、制帽工、磨坊工、石匠、机器制造、机车（火车头）制造、农业机器装配工、汽车装配工、缝纫机装配工、钟表装配和检验、电动器具装配、鞋匠、锁匠、货物检验员、电梯机修工、幼儿园园长、钢琴调音员、装配工、印刷工、建筑钢铁工人、卡车司机。

RAI：手工雕刻、玻璃雕刻、制作模型人员、家具木工、制作皮革品、手工绣花、手工钩针编织、排字工、印刷工人、图画雕刻、装订工。

RSE：消防员、交通巡警、警察、门卫、理发师、房间清洁工、屠夫、锻工、开凿工人、管道安装工、出租汽车驾驶员、货物搬运工、送报员、勘探员、娱乐场所的服务员、起卸机操作工、灭害虫者、电梯操作工、厨房助手。

RSI：纺织工、编织工、农业学校教师、某些职业课程教师（如艺术、商业、技术、工艺课程）、雨衣上胶工。

REC：抄水表员、保姆、实验室动物饲养员、动物管理员。

REI：轮船船长、航海领航员、大副、试管实验员。

RES：旅馆服务员、家畜饲养员、渔民、渔网修补工、水手长、收割机操作工、搬运行李工人、公园服务员、救生员、登山导游、火车工程技术员、建筑工人、铺轨工人。

RCI：测量员、勘测员、仪表操作者、农业工程技术、化学工程技师、民用工程技师、石油工程技师、资料室管理员、探矿工、煅烧工、烧窑工、矿工、保养工、磨床工、取样工、样品检验员、纺纱工、炮手、漂洗工、电焊工、锯木工、刨床工、制帽工、手工缝纫工、油漆工、染色工、按摩工、木匠、农民建筑工人、电影放映员、勘测员助手。

RCS：公共汽车驾驶员、一等水手、游泳池服务员、裁缝、建筑工人、石匠、烟囱修建工、混凝土工、电话修理工、爆炸手、邮递员、矿工、裱糊工人、纺纱工。

RCE：打井工、吊车驾驶员、农场工人、邮件分类员、铲车司机、拖拉机司机。

IAS：普通经济学家、农场经济学家、财政经济学家、国际贸易经济学家、实验心理学家、工程心理学家、心理学家、哲学家、内科医生、数学家。

IAR：人类学家、天文学家、化学家、物理学家、医学病理学家、动物标本剥制者、化石修复者、艺术品管理员。

ISE：营养学家、饮食顾问、火灾检查员、邮政服务检查员。

ISC：侦察员、电视播音室修理员、电视修理服务员、验尸室人员、编目录者、医学实验室技师、调查研究者。

ISR：水生生物学者、昆虫学者、微生物学家、配镜师、矫正视力者、细菌学家、牙科医生、骨科医生。

ISA：实验心理学家、普通心理学家、发展心理学家、教育心理学家、社会心理学家、临床心理学家、目录学家、皮肤病学家、精神病学家、妇产科医生、眼科医生、五官科医生、医学实验室技术专家、民航医务人员、护士。

IES：细菌学家、生理学家、化学专家、地质专家、地理物理学专家、纺织技术专家、医院药剂师、工业药剂师、药房营业员。

IEC：档案保管员、保险统计员。

ICR：质量检验技术员、地质学技师、工程师、法官、图书馆技术辅导员、计算机操作员、医院听诊员、家禽检查员。

IRA：地理学家、地质学家、水文学家、矿物学家、古生物学家、石油学家、地震学家、声学物理学家、原子和分子物理学家、电学和磁学物理学家、气象学家、设计审核员、人口统计学家、数学统计学家、外科医生、城市规划家、气象员。

IRS：流体物理学家、物理海洋学家、等离子体物理学家、农业科学家、动物学家、食品科学家、园艺学家、植物学家、细菌学家、解剖学家、动物病理学家、作物病理学家、药物学家、生物化学家、生物物理学家、细胞生物学家、临床化学家、遗传学家、分子生物学家、质量控制工程师、地理学家、兽医、放射治疗技师。

IRE：化验员、化学工程师、纺织工程师、食品技师、渔业技术专家、材料和测试工程师、电气工程师、土木工程师、航空工程师、行政官员、冶金专家、原子核工程师、陶瓷工程师、地质工程师、电力工程师、口腔科医生、牙科医生。

IRC：飞机领航员、飞行员、物理实验室技师、文献检查员、农业技术专家、动植物技术专家、生物技师、油管检查员、工商业规划者、矿藏安全检查员、纺织品检验员、照相机修理者、工程技术员、编计算机程序者、工具设计者、仪器维修工。

CRI：簿记员、会计，计时员、铸造机操作工、打字员、按键操作工、复印机操作工。

CRS：仓库保管员、档案管理员、缝纫工、讲述员、收款人。

CRE：标价员、实验室工作者、广告管理员、自动打字机操作员、电动机装配工、缝纫机操作工。

CIS：记账员、顾客服务员、报刊发行员、土地测量员、保险公司职员、会计师、估价员、邮政检查员、外贸检查员。

CIE：打字员、统计员、支票记录员、订货员、校对员、办公室工作人员。

CIR：校对员、工程职员、海底电报员、检修计划员、发报员。

CSE：接待员、通信员、电话接线员、卖票员、旅馆服务员、私人职员、商学教师、旅游办事员。

CSR：运货代理商、铁路职员、交通检查员、办公室通信员、簿记员、出纳员、银行财务职员。

CSA：秘书、图书管理员、办公室办事员。

CER：邮递员、数据处理员、航空邮件检查员。

CEI：推销员、经济分析家。

CES：银行会计、记账员、法人秘书、速记员、法院报告人。

ECI：银行行长、审计员、信用管理员、地产管理员、商业管理员。

ECS：信用办事员、保险人员、各类进货员、海关服务经理、售货员、购买员、会计。

ERI：建筑物管理员、工业工程师、农场管理员、护士长、农业经营管理人员。

ERS：仓库管理员、房屋管理员、货运监督管理员。

ERC：邮政局长、渔船船长、机械操作领班、木工领班、瓦工领班、驾驶员领班。

EIR：科学、技术和有关周期出版物的管理员。

EIC：专利代理人、鉴定人、运输服务检查员、安全检查员、废品收购人员。

EIS：警官、侦察员、交通检验员、安全咨询员、合同管理者、商人。

EAS：法官、律师、公证人。

EAR：展览室管理员、舞台管理员、播音员、驯兽员。

ESC：理发师、裁判员、政府行政管理员、财政管理员、工程管理员、职业病防治、售货员、商业经理、办公室主任、人事负责人、调度员。

ESR：家具售货员、书店售货员、公共汽车驾驶员、日用品售货员、护士长、自然科学和工程的行政领导。

ESI：博物馆管理员、图书馆管理员、古迹管理员、饮食业经理、地区安全服务管理员、技术服务咨询者、超级市场管理员、零售商品店店员、批发商、出租汽车服务站调度。

ESA：博物馆馆长、报刊管理员、音乐器材售货员、广告商、售画营业员、导游、（轮船或班机上的）事务长、飞机上的服务员、船员、法官、律师。

ASE：戏剧导演、舞蹈教师、广告撰稿人、报刊专栏作者、记者、演员、英语翻译。

ASI：音乐教师、乐器教师、美术教师、管弦乐指挥、合唱队指挥、歌星、演奏家、哲学家、作家、广告经理、时装模特。

AER：新闻摄影师、电视摄像师、艺术指导、录音指导、丑角演员、魔术师、木偶戏演员、骑士、跳水员。

AEI：音乐指挥、舞台指导、电影导演。

AES：流行歌手、舞蹈演员、电影导演、广播节目主持人、舞蹈教师、口技表演者、喜剧表演者、模特。

AIS：画家、剧作家、编辑、评论家、时装艺术大师、新闻摄影师、男演员、文学作者。

AIE：花匠、皮衣设计师、工业产品设计师、剪影艺术家、复制雕刻品大师。

AIR：建筑师、画家、摄影师、绘图员、环境美化工、雕刻家、包装设计师、陶器设计师、绣花工、漫画工。

SEC：社会活动家、退伍军人服务官员、工商会事务代表、教育咨询者、宿舍管理员、旅馆经理、饮食服务管理员。

SER：体育教练、游泳指导。

SEI：大学校长、学院院长、医院行政管理员、历史学家、家政经济学家、职业学校教师、资料员。

SEA：娱乐活动管理员、国外服务办事员、社会服务助理、一般咨询者、宗教教育工作者。

SCE：部长助理、福利机构职员、生产协调人、环境卫生管理人员、戏院经理、餐馆经理、售票员。

SRI：外科医师助手、医院服务员。

SRE：体育教师、职业病治疗者、体育教练、专业运动员、房管员、儿童家庭教师、警察、引座员、传达员、保姆。

SRC：护理员、护理助理、医院勤杂工、理发师、学校儿童服务人员。

SIA：社会学家、心理咨询者、学校心理学家、政治科学家、大学或学院的系主任、大学或学院的教育学教师、大学农业教师、大学工程和建筑课程的教师、大学法律教师、大学数学、医学、物理、社会科学和生命科学的教师、研究生助教、成人教育教师。

SIE：营养学家、饮食学家、海关检查员、安全检查员、税务稽查员、校长。

SIC：描图员、兽医助手、诊所助理、体检检查员、监督缓刑犯的工作者、娱乐指导者、咨询人员、社会科学教师。

SIR：理疗员、救护队工作人员、手足病医生、职业病治疗助手。

SAC：理发师、指甲修剪师、包装艺术家、美容师、整容专家、发型设计师。

SAE：听觉病治疗者、演讲矫正者。

SAI：图书馆管理员、小学教师、幼儿园教师、学前儿童教师、中学教师、师范学院教师、盲人教师、人士人的教师、学校护士、牙科助理、飞行指导员。

参 考 文 献

[1] 周岩，车美娟．大学生就业创业指导［M］．哈尔滨：黑龙江教育出版社，2019．
[2] 李业明．职业生涯规划［M］．上海：上海交通大学出版社，2018．
[3] 余图军，史安成，沈沛汝．大学生职业发展与就业指导［M］．北京：首都师范大学出版社，2019．
[4] 赵明家，丛培兵，王林．大学生职业生涯规划［M］．北京：首都师范大学出版社，2020．
[5] 陈彩彦，兰冬蓉．大学生职业生涯规划［M］．北京：航空工业出版社，2018．
[6] 陈抗．大学生职业生涯发展与规划［M］．西安：电子科技大学出版社，2018．
[7] 王宏斌．大学生职业规划与就业指导［M］．西安：西安交通大学出版社，2014．
[8] 克里斯·科尔．沟通的技巧［M］．北京：中央编译出版社，1999．
[9] 庄明科，谢伟．大学生职业生涯规划［M］．2版．北京：中国人民大学出版社，2019．
[10] 钟谷兰，杨开．大学生职业生涯发展与规划［M］．2版．上海：华东师范大学出版社，2016．
[11] 马歇尔·卢森堡．非暴力沟通［M］．北京：华夏出版社，2018．
[12] 郑新先，周岩．高职就业指导教程［M］．西安：陕西人民出版社，2011．
[13] 樊富珉，何瑾．团体心理辅导［M］．上海：华东师范大学出版社，2018．
[14] 吴莎．大话生涯：自我发现之旅［M］．北京：机械工业出版社，2020．
[15] 吴莎．遇见生涯大师［M］．北京：北京大学出版社，2017．
[16] 金树人．生涯咨询与辅导［M］．北京：高等教育出版社，2007．
[17] 李业明．职业生涯规划［M］．上海：上海交通大学出版社，2018．
[18] 余文玉，钱芳．我的未来我做主：大学生职业生涯规划［M］．上海：上海交通大学出版社，2020．
[19] 张静，盛秋芳，陈艳丽．大学生职业生涯规划与就业指导［M］．6版．长春：吉林大学出版社，2015．
[20] 陈光德，廖锋．适则成：大学生职业适应与就业指导［M］．北京：商务印刷馆，2018．
[21] 许秀娟，刘雅．大学生职业生涯规划［M］．3版．北京：人民邮电出版社，2019．

［22］谭初春，余群．大学生职业发展与就业指导［M］．2版．沈阳：东北大学出版社，2019．

［23］中国就业网．http：//chinajob. mohrss. gov. cn/．

［24］霍兰德职业性向测验量表．https：//baike. so. com/doc/3476984－3658158. html．

［25］杨志敏．退伍军人当整理师月入2万：时尚变化太快，有时分不清冬装夏装［N］．扬子晚报，2021－01－12．

［26］新职业高速发展，绘就不懈奋斗美好蓝图（EB/OL）．（2021－01－16）［2021－03－30］．http：//review. qianlong. com/2021/0116/5290490. shtml．